创新创业与实践实训

主　编　李竞达　李振甲　范哲超
副主编　祁　媛　刘伟龙　陈　琳

东北师范大学出版社
长　春

图书在版编目（CIP）数据

创新创业与实践实训 / 李竟达，李振甲，范哲超主编. ‐‐长春：东北师范大学出版社，2024.8. ‐‐ISBN 978‐7‐5771‐1789‐8

Ⅰ.G717.38

中国国家版本馆 CIP 数据核字第 2024ET5131 号

□责任编辑：杜　境　　□封面设计：创智时代
□责任校对：徐　莹　　□责任印制：侯建军

东北师范大学出版社出版发行
长春净月经济开发区金宝街 118 号（邮政编码：130117）
电话：010‐82893525
传真：010‐82896571
网址：http：//www.nenup.com
东北师范大学音像出版社制版
长春市新颖印业有限责任公司印装
长春市清和街 23 号（邮政编码：130061）
2024 年 8 月第 1 版　　2024 年 8 月第 1 次印刷
幅面尺寸：185 mm×260 mm　　印张：11　字数：250 千
定价：38.00 元

前言

在当今的高等职业教育中，创新创业能力已经成为学生必备的素质之一。为了培养具有创新精神和创业能力的高素质人才，我们编写了这本《创新创业与实践实训》。

本书作为高等职业教育教材，旨在为学生提供创新创业方面的实践经验和技能指导。通过本书的学习，学生能够了解创新和创业的基本概念、思维和方法，并通过实践实训掌握创新技法和创业技能。

本书分为三个部分，分别是开启创新之门、走向创业之路和创新实践大赛。在开启创新之门部分，学生将了解创新的概念、意义和价值，并学习培养创新思维和意识的方法。在走向创业之路部分，学生将了解创业的基本概念、创业项目的选择和市场调研的方法，以及商业计划书的撰写技巧。在创新实践大赛部分，学生将学习如何选择参赛项目、培育参赛项目，以及展示自己的创新成果。

本书注重理论与实践相结合，通过案例分析、实际操作和实训等方式，帮助学生提升创新和创业能力。同时，本书还注重培养学生的独立思考和解决问题的能力，鼓励学生在实践中发挥自己的创造力和想象力。

总之，《创新创业与实践实训》是高等职业教育中不可或缺的一本教材。通过本书的学习和实践，学生将能够提升自己的创新创业能力，掌握创新技法和创业技能，为实现自己的人生价值打下坚实的基础。我们希望本书能够成为学生创新创业路上的得力助手和重要指南，陪伴大家走向成功之路。

目录

编一 开启创新之门 1
项目一 创新概述 1
项目二 创新思维和创新意识 7
项目三 创新技法 19

编二 走向创业之路 37
项目一 走向创业 37
项目二 创业项目 49
项目三 如何做好市场调研 57
项目四 商业计划书撰写 70

编三 创新实践大赛 109

参考文献 169

编一 开启创新之门

项目一 创新概述

引例

创新——长盛不衰的秘诀

在过去的 30 年时间里，大多数中国民营科技企业总是逃脱不了由盛转衰的宿命，我们也听到和看到太多关于中国民营企业衰落、倒闭的悲伤故事。但是 H 公司成功了！H 公司 2 万元起家，用了 25 年时间，从名不见经传的民营科技企业，发展成为世界 500 强和全球最大的通信设备制造商，创造了中国乃至世界企业发展史上的奇迹！

H 公司成功的秘诀就是创新。创新无疑是提升企业竞争力的法宝，创新之路也是一条充满了风险和挑战的成长之路。尤其是在高新技术产业领域，创新被看成一个企业的生存之本和一个品牌的价值核心。

"不创新才是 H 公司最大的风险。" H 公司总裁的这句话道出了公司骨子里的创新精神。"回顾 H 公司 20 多年的发展历程，我们体会到，没有创新，要在高科技行业中生存下去几乎是不可能的。这个领域没有喘气的机会，哪怕只落后一点点，都意味着逐渐死亡。"正是这种强烈的紧迫感驱使着 H 公司持续创新。

虽然和许多民营企业一样从做"贸易"起步，但是 H 公司没有像其他企业那样，继续沿着"贸易"的路线发展，而是踏踏实实地搞起了自主研发。H 公司把每年销售收入的 10% 投入研发，数十年如一日，近 10 年投入的研发费有 1000 多亿元人民币，公司 15 万名员工中有近一半的人在搞技术研发。为了保持技术领先优势，公司在招揽人才时提供的薪资常常比很多外资企业还高。

H 公司的创新体现在企业的方方面面和各个细节之中，但是 H 公司不是为了创新而创新，它打造的是一种相机而动、有的放矢的创新力，是以客户需求、市场趋势为导向，紧紧沿着技术市场化路线行进的创新。这是一种可以不断自我完善与超越的创新力，这样的创新力才是企业可持续发展的基石。

案例思考：
1. 你认为创新对于企业的发展起到怎样的作用？
2. H 公司创新的案例带给你怎样的启发？

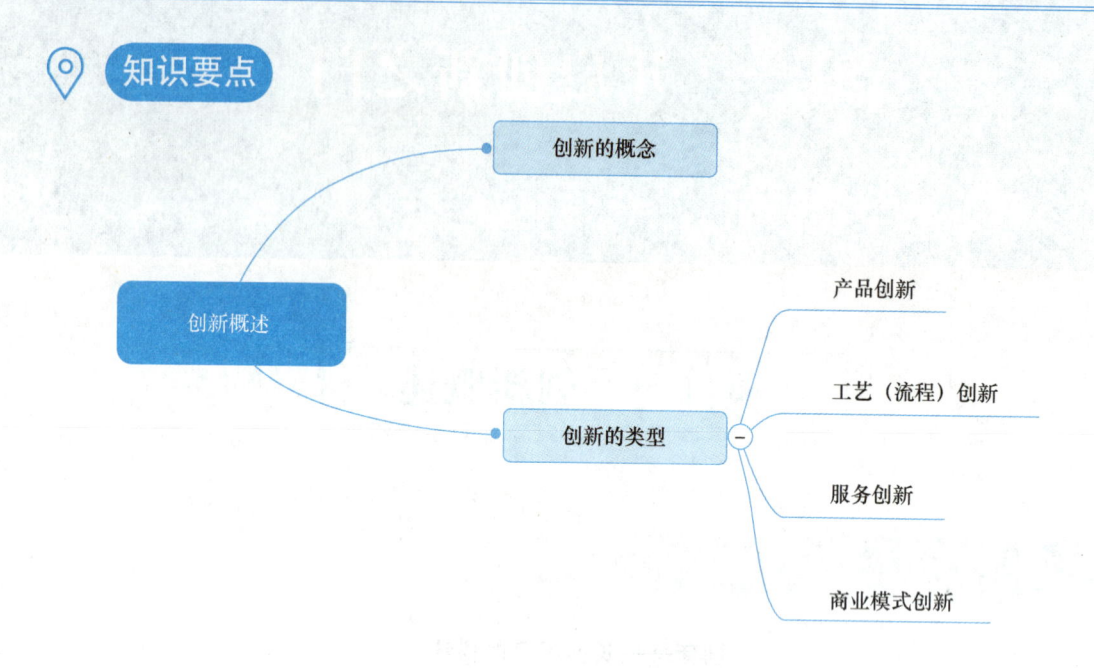

创新创业与实践实训

知识要点

- 创新概述
  - 创新的概念
  - 创新的类型
    - 产品创新
    - 工艺（流程）创新
    - 服务创新
    - 商业模式创新

任务一　创新的概念

宝洁动心

在经济学上，"创新"的概念最早是由政治经济学家约瑟夫·熊彼特于1911年在《经济发展理论——对于利润、资本、信贷、利息和经济周期的考察》中首次提出来的。根据他的定义，创新就是一种"新的生产函数的建立"，即"企业家对生产要素的新组合"，其目的在于获取潜在的超额利润。

熊彼特认为创新有五种，主要包括：①引入新的产品或赋予产品一种新的特性；②引入新的生产方法，即采用新的工艺或新的生产组织方式；③开辟一个新的市场；④引入新的获取原材料或半成品的供应来源；⑤创建一个组织。

美国国家科学基金会在其1969年发布的《成功的工业创新》研究报告中将创新定义为技术变革的集合。该机构认为技术创新是一个复杂的活动过程，其从新思想、新概念开始，通过不断解决各种问题，最终使一个有经济价值和社会价值的新项目得到实际的成功应用。我国的技术创新研究始于20世纪80年代，学者们对于创新的界定多从"技术"角度出发，强调创新主要是从技术着手，对产品或工艺进行改进或变革，从而创造新的价值。

社会学认为，创新是指人们为了发展需要，运用已知的信息和条件，突破常规，发现或产生某种新颖、独特且有价值的新事物、新思想的活动。创新的本质在于突破，即突破旧的思维定式和常规戒律，改进或创造新的事物（包括但不限于各种方法、元素、路径、环境等），从而创造出有价值的成果。创新活动的核心是"新"，它或者是产品的结构、性能和外部特征的变革，或者是造型设计、内容的表现形式和手段的创造，或者是内容的丰富和完善。

概括起来，创新是指人们为了发展需要，运用已知的信息和条件，以现有的知识和物质，在特定的环境中打破常规，发现或产生某种新颖、独特且有价值的新事物、新思想的活动。

随着知识经济时代的到来，科学技术的进步与创新已经成为经济社会发展的决定性力量。越来越多的企业用实践证明，高效率的生产、优级的质量和品牌等已经不足以让企业持续获得市场竞争优势，创新才是各类企业生存与发展的自然选择。

任务二　创新的类型

创新作为一种基本的企业行为，其具体的表现形式是多种多样的，涉及企业活动的所有方面。根据场合的不同，创新可分为产品创新、工艺（流程）创新、服务创新和商业模式创新。

一、产品创新

产品创新是指通过改善或创造产品，以进一步满足顾客需求或开辟新的市场。产品创新的价值在于创造性地解决用户的问题，同时兼顾用户价值和商业价值，既满足用户的需求，创造用户价值，又达成公司的商业目标，创造商业价值。成功的产品创新是企业通过对其功能、外观、质量、安全等方面不断进行改进以满足顾客的需求，从而争取更多的顾客基础，获得市场竞争优势。

集成文具

产品创新的方式可分为以下六种。

（1）全新产品。这类产品是同类产品的第一款，并创造了全新的市场。此类产品占所有新产品的10%。

（2）新产品线。这类产品对于市场来说并不新鲜，但对于某些厂家来说是新的。市场上约有20%的新产品属于此类。

（3）已有产品品种的补充。这类新产品属于工厂已有产品系列的一部分。对于市场来说，它们也许是新产品。此类产品是新产品类型中较多的一类，约占26%。

（4）老产品的改进型。这些不怎么新的产品从本质上说是工厂老产品的替代品。它们在性能上比老产品有所改进，有更多的内在价值。该类产品占新产品的26%。

（5）重新定位的产品。适于老产品在新领域的应用，包括重新定位于一个新市场，或应用于一个不同的领域。此类产品占新产品的7%。

（6）降低成本的产品。将这些产品称作新产品有点勉强，它们被设计出来替代老产品，在性能和效用上没有改变，只是成本降低了。此类产品占新产品的11%。

二、工艺（流程）创新

工艺（流程）创新是指生产和传输某种新产品或服务的新方式，如对产品的加工过程、工艺路线、设备、生产规则体系等所进行的创新技术活动。企业通过研究和运用新方式方法和规则体系等实现工艺创新，提高企业的生产技术水平、产品质量和生产效率。

工艺（流程）创新的方法有：①创造策略，即利用新原理、新技术开发新工艺；②模仿策略，即根据市场预测及企业自身的能力，选择市场上已有的生产工艺进行模仿或稍加改进；③复合策略，即把创造和模仿结合在一起的工艺创新。

知识链接

工艺（流程）创新类型

（1）围绕提高产品质量等级品率的工艺创新。产品质量等级品率是表征质量水平、技术规格符合度的指标。为了提高产品质量等级品率，企业必须在工艺技术、工艺管理和工艺纪律三个方面协调创新，忽视其中哪一方面，都可能使产品质量和优等品产值率无法得到保证。

（2）围绕减少质量损失率的工艺创新。质量损失率是一定时期内企业内部和企业外部质量损失成本之和占同期工业总产值的比重，是表征质量经济性的指标。为了降低废品率、减少损失，企业工艺要在设计、工艺技术等软件方面和材料、设备等硬件方面进行协调配套创新。

（3）围绕提高工业产品销售率的工艺创新。工业产品销售率是一定时期内销售产值与同期现价工业产值之比，它反映产品质量适应市场需要的程度。通过工艺创新，企业既能生产独具魅力的产品，又能提供优质的服务，从而吸引顾客、拓展市场、扩大销售。

（4）围绕提高新产品产值率的工艺创新。产品产值率是一定时期内新产品产值与同期工业产品产值之比，它反映新产品在企业产品中的构成情况，体现企业的技术进步状况和工艺综合性水平。现代企业的生产往往需要由多种学科、多种技术综合而成的工艺技术，尤其是技术密集型创新产品，需要荟萃机、电、光、化学、微电子、计算机、控制及检测等技术工艺，特别需要CIMS（计算机集成制造系统）技术，实现对产品寿命周期信息流、物质流与决策流的有效控制与协调，以适应竞争市场对生产和管理过程提出的高质量、灵活响应和低成本的要求。

（5）围绕节约资源、降低成本的工艺创新。传统的自然资源日益匮乏，通过改进原有工艺，科学、合理、综合、高效地利用现有资源，或采用新工艺、开发利用新资源，企业可以节约能源、降低物耗能耗，降低产品成本。

（6）围绕有益于环境的工艺创新。低污染或无污染成为社会、政府和人民对企业生产及其产品的越来越突出的要求。通过工艺创新，企业可以减少生产过程产生的污染，提供无污染的产品。

三、服务创新

服务创新是企业为了提高服务质量和创造新的市场价值而进行的服务要素的改变，并对服务系统进行有目的、有组织的改变，是一种技术创新、业务模式创新、社会组织创新、用户创新的综合。服务创新能将新的设想、新的技术手段转变成新的或者改进的服务方式，使顾客或潜在顾客看到不同于从前的崭新内容。

服务创新的途径如下：

（1）全面创新。借助技术的重大突破和服务理念的变革，创造全新的整体服务，其在服务创新中的比例最低，却常常是服务观念革新的动力。

（2）局部革新。利用服务技术的小发明、小创新或通过构思精巧的服务理念，使原有的服务得到改善或具备与竞争者服务存在差异的特色。

（3）形象再造。服务企业通过改变服务环境、伸缩服务系列、命名新品牌来重新塑造企业服务形象。

（4）改型变异。服务企业通过市场再定位，创造出在质量、档次、价格方面有别于原有服务的新的服务项目，但服务的核心技术和形式不发生根本变化。

（5）外部引入。服务企业通过购买服务设备、聘用专业人员或特许经营等方式将现成的标准化服务引入本企业中。

知识链接

海底捞的服务创新

网上流传着很多关于海底捞为顾客服务的故事，甚至有人用"地球人无法阻止海底捞了""人类不可战胜的海底捞"造句，创造各种夸张的"海底捞体"。

海底捞的特色服务贯穿从顾客进店到离店的整个过程：顾客在等候的过程中可享受免费上网、擦皮鞋、美甲等服务，并可享用免费饮料、水果、爆米花、虾片等；在就餐过程中，服务员进行微笑服务，为顾客擦拭油滴，下菜捞菜，递发圈、眼镜布和15分钟一次的热毛巾，续饮料，帮助看管孩子，喂孩子吃饭，拉面师傅现场表演；店里还设有供小孩玩耍的游乐园；洗手间增设了美发、护肤等用品，还有免费的牙膏牙刷。甚至顾客打个喷嚏，就有服务员送来一碗姜汤。

四、商业模式创新

商业模式创新是指改变企业价值创造的基本逻辑，以提升顾客价值和企业竞争力的活动。商业模式创新既可能包括多个商业模式构成要素的变化，也可能包括要素间关系或者动力机制的变化。简而言之，商业模式创新是指企业以新的方式营利。

商业模式创新是对企业以前的基本经营方法进行变革。一般而言，有四种方法，即改变收入模式、改变企业模式、改变产业模式和改变技术模式。

（1）改变收入模式是改变一个企业的用户价值定义和相应的利润方程或收入模型。

（2）改变企业模式是改变一个企业在产业链中的位置和充当的角色。

（3）改变产业模式是最激进的一种商业模式创新，它要求一家企业进入或创造一个新产业。

（4）改变技术模式是商业模式创新的主要驱动力，企业可以通过引进先进技术来促进自身的商业模式创新。

知识链接

同样是卖花，售价却是普通玫瑰花的 1379 倍

北京一家高端鲜花公司正在出售"100％纯天然"的"美女与野兽"玫瑰，声称只要将玫瑰保存在原装的玻璃罩内就可以永不凋谢，如果暴露在空气中，这种玫瑰可以在没有阳光和水的条件下保存三年之久，起售价 1379 元人民币。这花就像迪士尼动画电影《美女与野兽》中那朵神奇的玫瑰一样。该公司的玫瑰有 30 种颜色和多种不同的造型，如图所示。这些玫瑰的价格取决于花朵的大小和造型的复杂程度。

在云南鲜花集市，一束玫瑰花售价是 0.01～0.3 元不等，当地花农采用原始的销售方式，把鲜花通过空运销往各地，各地中间商再加价进行销售，价格是 1～10 元不等。北京这家公司把保鲜技术应用于鲜花，使其观赏性和艺术性大大提高，通过创新使玫瑰花的价值提升千倍。所以，重要的不是卖什么，而是用什么方式卖，创新永无止境。

编一　开启创新之门

项目二　创新思维和创新意识

引例

上海自贸区：金融开放创新发挥"头雁"效应

提起上海自贸试验区走过的十年，设立本外币一体化运作的自由贸易账户体系、开展跨境贸易投资高水平开放外汇管理改革试点、开展首批全功能型跨境双向人民币资金池业务创新等持续落地的金融领域制度创新无疑是一场重头戏。

上海市银行同业公会、上海市保险同业公会联合举办的"十年奋进路 启航新征程——上海银行业保险业自贸十周年"新闻通气会透露，上海自贸试验区十年来持续深化金融领域开放创新，发挥制度创新的"头雁"效应，发展成为新政策、新机制的国家级"试验田"。截至2023年6月末，区域内银行业机构数量达588家，保险业机构数量达135家。

国家金融监督管理总局上海监管局副局长表示，上海自贸试验区挂牌后，原银监会和原保监会分别出台了八条支持上海自贸试验区建设的指导意见，形成最早推动自贸试验区金融开放创新的制度框架。在此基础上，上海监管局围绕市场准入、特殊业务授权、统计风险监测等出台多项配套制度，有力加强监管政策引领。截至2023年6月末，辖区内共有49家银行业金融机构建立了自由贸易账户核算体系，自由贸易账户资产总计1.06万亿元。坚持对标最高标准，上海自贸试验区在金融改革创新上大胆试、大胆闯、自主改，以先行先试的压力测试为实体经济高质量发展探索新渠道、积累新经验。围绕匹配金融供给与科技企业需求，上海监管局已与临港新片区管委会共建"科技金融创新试验基地"，以此为试点实施一批新产品、新工具、新模式。例如，通过试点机制，上海市在全国率先将设在临港的金融租赁项目公司的租赁物范围扩展到集成电路产业链设备。截至目前，已落地金额2.6亿元，为集成电路企业融资提供更加多元化的渠道，进一步增强上海在支持长三角乃至全国现代化产业体系建设中的辐射作用。

作为首家在上海自贸试验区内设立专业子公司的金融租赁公司，交银金租通过业务创新在行业内树立起先行先试的旗帜，为上海自贸试验区打造高质量发展新标杆按下加速键。目前，公司下设超过700个项目公司，与全球30多个国家的160家客户开展航空、航运租赁业务，先后完成了上海自贸试验区首单飞机租赁业务、首单飞机资产转让交易等创新业务，开辟了自贸区增加资产流动性的新路径。全国首家专业再保险经纪公司、首家外资再保险法人机构、首家外商独资保险控股公司、首家获准扩展经营范围的外资保险经纪机构、全国唯一的5家外资控股理财公司等一大批首创性项目都已在上海自贸试验区落地。在临港新片区，7家再保险运营中心也获准开业，将打造再保险"国际板"，开设面向全球的再保险交易市场，加快实现我国再保险市场由"单向开放"向"双向开放"的转

7

型升级。

案例思考：
1. 上海自贸区在创新方面做了哪些努力？
2. 如何借鉴上海自贸区的创新成功经验？

创新思维是创新人才智力结构的核心，是社会乃至个人都不可或缺的创新要素。创新思维强调开拓性和突破性，在解决问题时带有鲜明的主动性，这种思维与创新活动联系在一起，体现着新颖性和独特性的社会价值。创新思维的敏感性、独特性、流畅性、灵活性、精确性和综合性等特性，反映了创新思维的内在特性。

知识要点

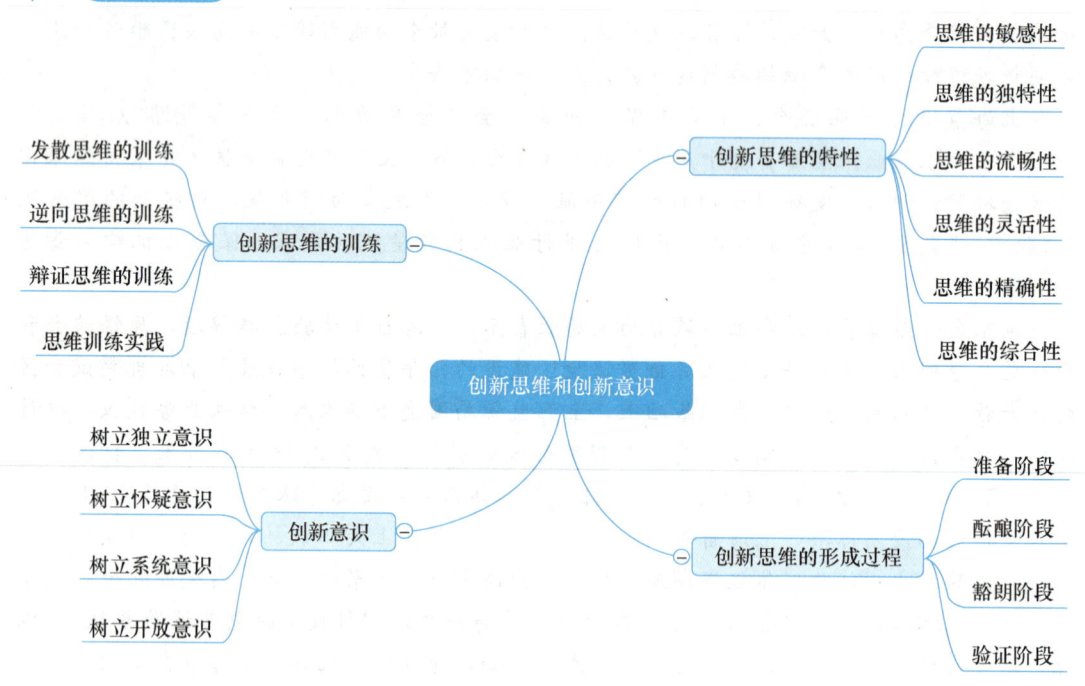

创新思维和创新意识
- 创新思维的训练
  - 发散思维的训练
  - 逆向思维的训练
  - 辩证思维的训练
  - 思维训练实践
- 创新思维的特性
  - 思维的敏感性
  - 思维的独特性
  - 思维的流畅性
  - 思维的灵活性
  - 思维的精确性
  - 思维的综合性
- 创新意识
  - 树立独立意识
  - 树立怀疑意识
  - 树立系统意识
  - 树立开放意识
- 创新思维的形成过程
  - 准备阶段
  - 酝酿阶段
  - 豁朗阶段
  - 验证阶段

任务一　创新思维的特性

一、思维的敏感性

希尔顿饭店创始——创新思维

思维的敏感性是指敏锐感知客观世界的变化。客观事物纷繁复杂，所表现出的特征也各式各样，如何区分和识别它们的特点与联系，这与观察者的思维敏感性密切相关。有敏感性思维的人，他们所表现出的创新能力也比较强。

语言是人们在劳动实践中逐渐创造和丰富的。汉语文学中有许多词汇和诗句反映了思维的敏感性特征，如"窥一斑而见全豹"和"一叶知秋"，都是从某一表象的特征敏锐地觉察出事物的性质。再如"春风又绿江南岸",其中"绿"字用得相当巧妙,也让我们感叹古代诗人高度的思维敏感性。

很多科学实验表明,正是科学家在实验观察过程中敏锐地捕捉到事物细微的变化,或者观察到事物局部特征,从而有所突破,最终实现科学的飞跃。我国科学家袁隆平的杂交稻研究就是因为在野外偶然发现一棵野生稻雄性不育株,进而确定了研究方向,最终取得了成功,为人类粮食安全做出了重大贡献。电磁学的发现同样得益于思维的敏锐性。1820年,丹麦科学家奥斯特有一天在上课时突然发现,通电的导线引起旁边磁针的微微偏转,从而拉开了人类历史上电与磁之间关系的研究序幕。英国科学家法拉第敏锐地觉察到这一发现的重大意义,并且预言他将打开一个新的科学领域,并勇敢地在这个未知领域大胆探索,最终开辟出了电磁学的崭新天地。

二、思维的独特性

思维的独特性是指敢于用批判性的思维方式思考自己和他人的原有知识乃至权威的论断。例如,世界科学史上具有非凡影响力和重大意义的控制论的诞生,就体现出了美国科学家维纳的思维独特性。古典概念认为世界由物质和能量组成,维纳则认为世界由能量、物质和信息三部分组成。尽管一开始他提出的新观点、新理论受到了保守者的反对,但他勇敢地坚持自己的观点和理论,最终创立了具有非凡生命力的控制论学科。

思维的独特性还体现在敢于冲破习惯思维的束缚,敢于打破常规,另辟蹊径独立思考。我们只有运用丰富的知识和经验,充分展开想象的翅膀,才能迸射出创新的火花,发现前所未有的东西。法国作家莫泊桑说过:"应该时时刻刻躲避那些走熟的路,去寻找一条新的路。"

三、思维的流畅性

思维的流畅性是指在限定时间内产生大量观念和设想。如李白斗酒诗百篇、小高斯求解"1+2100"题目,都是思维流畅性的表现。

每一个创新都看似偶然而绝非偶然。一个日常勤于思考的人,就容易进入创新思维的状态,从而产生灵感。只有勤于思考才能善于思维,才能及时捕捉到具有突破性思维的灵感,不断提出新的构想,使思维保持活跃的状态。

托马斯·爱迪生一生拥有1093项专利,这个纪录迄今仍无人打破。他给自己和助手制定了创新的目标,每10天有一项小发明,每半年有一项大发明。有一次他无意将一根绳子在手上绕来绕去,便由此想起可否用这种方法缠绕碳丝,从而发明了第一盏具有实用价值的电灯。如果没有思维的流畅性,没有良好的思维态势,那么他是不会有如此灵敏的反应的。

四、思维的灵活性

思维的灵活性是指善于巧妙灵活地转变思维方向,想出适宜的办法;善于选择最佳方案，富有成效地解决问题；善于进行全方位思考，若遇难题受阻，不拘泥于一种模式，能灵活调整思路。思维的灵活性主要以下列六种方式呈现。

（一）辐射思维

以一个问题为中心，思维路线向四面八方扩散，探究尽可能多的领域，寻找尽可能多的答案，以提升创新性解决问题的能力。例如，科学家在研究新理论时，思维的触角往往伸向多个领域进行探索。

（二）多向思维

从不同的方向对一个事物进行思考，更注意从他人没有注意到的角度去思考，这样才能抓住思考对象的本质，发现他人不曾发现的规律。爱因斯坦提出"相对论"，就是在对事物从不同视角进行观察和分析后，对其相互之间的关系，做出自己的解释。

（三）换元思维

根据事物多种构成因素的特点，变换其中某一个要素，探索新思路，寻找新途径。在自然科学领域，人们常常变换不同的材料和参数反复进行科学实验。

（四）转向思维

思维在一个方向停滞时，及时转换到另一个方向。人们在某专业研究未达到预期效果时，转向相关学科和边缘学科，同样可以做出重大的贡献。当今的学科发展日益呈现出既高度综合又高度分化的趋势，各种交叉学科、边缘学科和横断性学科层出不穷，跨学科研究已成为一种趋势。

（五）逆向思维

人们从对立的角度或者相反的方向去思考，寻找突破的新途径。人们从事物的对立面思考问题，能够更好地抓住其本质。例如："电生磁"与"磁生电"，"风生电"与"电生风"都是逆向思维的范例。

（六）原点思维

人们从事物的原点出发，找出问题的答案。在探究事物时，我们面对百思不得其解的问题，回到问题的原点去重新思考，往往可以寻得答案，这就是所谓的"解铃还须系铃人"。吸尘器的发明者，就是因为"吹"灰尘不能解决清洁问题，回到问题的原点，发现可以用"吸"灰尘的方式，于是运用真空负压原理，制成了电动吸尘器。

五、思维的精确性

思维的精确性是指能够周密地思考，精确地满足要求。随着科技的不断发展，客观事物的复杂性要求人们细致观察、周密思考。

英国生物化学家桑格在生物大分子方面的突破是创新思维精确性的典范。蛋白质由氨基酸组成，其成分与结构十分复杂。例如，由 500 多个氨基酸组成的血清蛋白可能有 20^{500} 个结构种类。桑格从 20 世纪 40 年代开始，创建了一套蛋白质氨基酸序列测定方法，费时 10 年，终于搞清了最小的蛋白质胰岛素中氨基酸的排列顺序，因此获得了 1958 年诺贝尔化学奖。接着他又向核酸进军，设计了更加精确的方法，测定了核酸的结构，并第二次获得诺贝尔奖。我国古代科学家祖冲之计算的圆周率，精确到小数点后 7 位数，比西方数学家早了约 1000 年，为世界科学发展做出了杰出的贡献，这也是创新思维精确性的典型事例。

六、思维的综合性

思维的综合性是指人们在获取大量的事实、材料及相关知识的基础上，运用多种思维方式，深入分析、找出规律、创造出新成果。磁半导体的研制者菊池城博士说："我以为搞发明有两条路：第一是全新的发明；第二是把已知原理的事实进行综合。"阿波罗登月计划总指挥韦伯说过："当今世界，没有什么东西不是通过综合而创造的。"庞大的阿波罗计划中就没有一项是新发现的自然科学理论和技术，都是现有技术的综合运用。综合是创新的重要途径之一。"运筹帷幄之中，决胜千里之外""秀才不出门，能知天下事"都是思维综合性的体现。

当然，综合绝非简单地拼凑和堆积，而是将众多的优点集中起来进行协调、兼容和创新。摩托车的诞生就是如此，它是将自行车的灵活轻便与汽车的机动高速合二为一的结果。后来，日本的本田会社又综合了世界上 90 多种各具特色的发动机之优点研制出世界上综合性能最佳的发动机，用以装配出世界一流的摩托车，成为世界摩托车行业的领头羊。

任务二　创新思维的形成过程

创新性解决问题比常规性解决问题有着更为复杂的心理活动过程，因此在它的运行中又有着独特的思维活动程序和规律。心理学家对这个过程也做过大量的研究。英国心理学家华莱士通过对创新过程的分析，提出了创新思维的四阶段理论，把与创新活动相联系的创新思维过程分为准备阶段、酝酿阶段、豁朗阶段和验证阶段。

一、准备阶段

准备阶段是在创新活动开展之前，围绕要解决的问题，收集、积累知识素材及他人解决类似问题的研究资料的过程。

这个阶段的准备工作做得越充分，汇总的资料越丰富，越有利于人们开阔思路，从而受到启发，发现和推测出问题的关键，迅速理清思路、明确方向、解决问题。因此，在这一阶段，人们应努力创造条件，广泛收集资料，有目的、有计划地为所规划的项目做充分的准备。为了使创新思维顺利展开，人们不能将准备工作只局限于狭窄的专门领域，而应当有相当广博的知识和技术储备。爱迪生为了发明电灯，仅由资料整理而成的笔记就有 200 多本，页数总计达 4 万多页。可见，任何发明创造不应依靠凭空杜撰，而应着重于对大量研究成果日积月累地观察、整理。

二、酝酿阶段

酝酿阶段是在积累一定知识经验的基础上，在头脑中对问题和资料进行深入分析、探索和思考，力图找到解决问题的途径和方法的过程。

在这个过程中，有些问题一时难以找到有效的答案。从表面上看，创新者没有明显的思维活动，仿佛处于"冬眠"状态，其实他们的思维活动并没有停止，反而无时无刻不萦绕在头脑中，甚至转化为一种潜意识。当受到一定刺激后，这种潜意识会转入意识领域。例如，日间苦思不得其解的问题，在睡梦中得到启示的有很多，例如苯环结构的发现和元素周期表的编制。这个过程容易让人产生狂热的状态，如"把手表当成鸡蛋煮"的牛顿就是典型的钻研问题狂热者。

有时，酝酿阶段也是一个试错过程，研究者往往要经过多次甚至无数次的失败，从而促使问题中的矛盾越来越尖锐化，在"山穷水尽"的情况下，仍然日思夜想，达到"如痴如醉"的境界，从而进入有意识和无意识交替作用的阶段。

三、豁朗阶段

豁朗阶段是研究者经过充分的酝酿之后，在头脑中突然跃现出新思想、新观念和新形象，进入一种豁然开朗的状态，使问题有可能得到顺利解决的过程。

豁朗阶段是突破陈旧观念，摆脱思维定式束缚，创造性提出新观念、新思想和新方法的决定性环节。在这一阶段中，百思不得其解的问题意想不到地闪电般地迎刃而解，头脑似乎从"踏破铁鞋无觅处"的困境中摆脱出来，有一种"得来全不费工夫"的感觉，并显示出极大的创新性。这是对问题进行刻苦钻研之后所涌现出来的科学敏感性发挥作用的结果。这种现象称为"灵感"或"顿悟"。许多科学家在创造发明的过程中，都曾有过类似惊人的现象。例如：耐克公司的创始人之一比尔·鲍尔曼，一天他正在吃爱人做的威化饼，感觉特别舒服。于是，他被触动了，如果把跑鞋制成威化饼的样式，会有怎样的效果呢？于是，他就拿着爱人做威化饼用的特制铁锅到办公室研究起来，之后制成了第一双鞋样，这就是著名的耐克鞋。

四、验证阶段

验证阶段是人们在豁朗阶段获得了解决问题的构想或假设之后，在理论上和实践上进行反复检验，多次补充和修正，使其趋于完善的过程。

这个阶段，或从逻辑角度在理论上求其周密、正确，或付诸行动，经观察实验而求得正确的结果。在验证期，创新者也许需要经过无数次的存优汰劣，才能使创新结果达到自己满意的程度。这是一个否定—肯定—否定的循环过程，不断通过实践检验，从而得出最恰当的创新思维的过程，该阶段的创新思维更具有逻辑思维的特色。

任务三 创新思维的训练

一、发散思维的训练

发散思维是创新性思维的一种重要形式。它是从一点出发，向四面八方拓展的一种思维方法，具有开放性的特征，能够开阔学生的知识视野，提升学生分析问题和解决问题的能力。发散思维的训练对于提升一个人的整体素质有着十分重要的作用。

训练发散性思维，人们可以通过学习发散思维方法、加大相互提问和讨论力度、开展多种活动等方式自觉养成发散思维的习惯。人们可以通过专门的资料或讲座学习发散思维的定义、特征，以及其在实践中的作用，掌握发散思维的基本知识和运用方法。在讨论会上，人们可以有意识地设置一些问题，要求参会者从不同的角度做出回答，给出不同的结论，这样不仅可以活跃讨论气氛，充分调动人们的学习积极性，提高人们的分析水平，有效地提高人们的发散思维能力，还可以采用举办比赛、开展辩论、开办论坛等方式，利用其开放性和思想性的特征，进行发散思维的培养。

发散思维的训练最重要的是提升自我和培养发散思维的能力，即把发散思维能力的训练作为自己的一项自主自觉的行为。在此过程中，阅读变得很重要，人们广泛涉猎各种书籍，同时自觉学习书本中所应用的发散性思维方法，并且灵活运用发散性思维方法去分析解决有关问题，从不同的角度分析问题存在的原因，做出正确的判断。

需特别说明的是，发散思维并不是漫无边际地胡乱发散，而是从一点向四面八方发散，这一点就是事物所反映的主题或主要问题，只有抓住了这一点，人们才能使发散思维产生真正的效应。发散性思维训练是为了提升人们分析问题、解决问题的能力，因此用这样的思维模式去分析社会上的具体事物才具有一定的实践意义。

> **扩展训练**
>
> **发散性思维的训练方式**
>
> 人们的发散性思维能力是可以通过锻炼而提升的，其要点是：首先，遇事要大胆地打开思路，不要仅仅考虑实际不实际，可行不可行；其次，要努力提高多向思维的质量，单向发散只能是低水平的发散；最后，坚持思维的独特性是提高多向思维质量的前提，重复自己脑子里传统的或定型的东西是不会发散出独特性思维的。只有尽可能多地为自己提出一些"假如……""假设……""假定…"等，才能从新的角度想自己或他人从未想过的东西。

二、逆向思维的训练

逆向思维也叫求异思维，它是对司空见惯的、似乎已成定论的事物或观点反过来思考的一种思维方式，即所谓的"反其道而思之"。让思维向对立的方向发展，从问题的反面深入地进行探索，目的仍然是树立新思想、创立新形象。

人们习惯于沿着事物发展的正方向去思考问题并寻求解决办法。其实，人们对于某些问题，尤其是一些特殊问题，从结论往回推，倒过来思考，从求解回到已知条件，反过来想或许会使问题简单化。

逆向思维具有诸多优势，例如：在日常生活中，常规思维难以解决的问题，人们通过逆向思维却可以轻松破解；逆向思维能够独辟蹊径，在别人没有注意到的地方发挥作用，有所建树；逆向思维往往在多种解决问题的方法中成为最佳方法和途径。人们在生活中自觉运用逆向思维，可能会将复杂的问题简单化，从而使办事效率和效果成倍提高。逆向思维最可贵的价值，是它对人们认识的挑战，是对事物认识的不断深化，并由此产生强大威力。我们应当自觉地运用逆向思维方法，创造出更多的奇迹。

逆向思维的表现有人弃我取、人进我退、人动我静、人刚我柔等，这种与一般常规或大多数人的思维取向截然相反的思维方式，从表面看似乎不可理喻，但结果往往出乎人们的意料，能取得更好的结果，因此它常常给人一种不可思议的神奇感觉。例如，在司马光砸缸的故事中，一般人都会想到把小朋友从水里捞出来，而司马光的想法就与众不同，他采用的就是一种逆向思维。

通常，人们在思考问题时，注意力会自然而然地放在明显的或对自己有利的思路上，而对那些不太明显的或对自己不利的思路视而不见。人同此心，情同此理，这本无可厚非，但是在一些特殊的情况下，往往那些善于采用逆向思维、舍近求远的人能最先到达目的地。逆向思维需要的是反过来想，突破顺向思维的逻辑模式，获得突破的观念。学习逆向思维方法就是要形成一种观念，即在思维的过程中，并不是只存在着一条明显的思维道路，对客观事物要从相反的方向进行分析、思考，这样可以改变传统的立意角度，产生全新的见解。

需要特别指出的是：逆向思维的成果不一定能直接应用于实践。我们应全面思考问题，而不能"为逆而逆""反对一切"。

扩展训练

可自我修复的手机屏

智能手机尺寸越来越大，用户使用手机的时间越来越长，随之而来的就是各种意外的发生，手机掉落或者磕碰到坚硬物体，会导致手机屏幕破碎。

为了解决这个问题，来自美国加州大学河滨分校化学系的科学家们研发出一种具有自我修复功能的新型材料。该材料可以应用于手机屏幕、人造肌肉及其他更多领域。这并不是一个全新的概念。早在2013年年底，L公司推出的G Flex手机便在其背壳中使用了一种自我修复材料，该材料可在几分钟之内自动修复划痕及其他表面磨损，但因为不具备导电性，所以无法应用于手机屏幕。这种新型材料的自我修复能力不仅限于划痕。新材料是一种可拉伸的聚合物和离子盐，自我修复功能是通过特殊的离子与分子相互吸引而实现的。更神奇的是，当这种材料被分成两半后，可以在24小时自动修复和重新连接。若将切开的两端摆放在一起，则5分钟左右便会结合在一起。

该新型材料生产容易，成本不高，因此应用在手机上不会提高手机售价。研究团队正在各种恶劣条件下测试这种材料，以确保它可以适应各种环境，相信能自我修复的手机屏幕很快就会推向市场。

手机市场处于品类成熟期，创新是"内""外"结合。对外，厂商的创新针对细分人群需求不断定位精准的手机：拍照手机、音乐手机等；对内，厂商通过新技术、新材料来降低手机制造成本。从这类新型材料的推出到市场接受需要经历一段跳跃式的过程，一旦市场接受新材料，手机厂商就在降低成本的同时多了一个卖点，而新型材料顺利进入市场实现商业化，又可以产生一个新的品类。

三、辩证思维的训练

恩格斯指出："所谓客观辩证法是支配着整个自然界的，而所谓主观辩证法，即辩证的思维，不过是自然界中到处盛行的对立中的运动的反映而已。"由此可知，辩证思维就是客观辩证法在人们头脑中的正确反映，是辩证法规律在思维中的表现形式，它要求人们以全面的、系统的和发展的观点分析问题。

辩证思维作为一种科学的思维方式，有其不同于其他思维形式的特点，即全面性、系统性、发展性，谈到辩证思维的基本方法，有归纳与演绎相统一的方法、分析与综合相统一的方法、抽象与具体相统一的方法、逻辑与历史相统一的方法，辩证思维的方法是以辩证思维的基本规律为指导的，是辩证思维的基本规律的具体表现形式或应用形态。辩证思维已经发展成了具体分析现实矛盾、解决现实问题的有力工具，是促进现代科学发展的有力杠杆，是促进思维方式变革的科学指南。

适用于辩证思维训练的教学内容有很多，教学中涉及的主要辩证关系有原因和结果、现象和本质、个别和一般、对立和统一、客观和主观、量变和质变、肯定和否定等。如对《高老头》中的男主人公拉斯蒂涅克的人物性格进行分析时，教师要引导学生认识他一方面是一个没落的外省贵族青年，不择手段地追求成功，另一方面他还残存着善良、自尊等美好的品质，这个人物的性格并非一成不变的，在经历了表姐、伏脱冷和高老头给他上的"人生三课"后，他的野心逐渐膨胀，性格中的美好品质逐渐消失，最终成为一个野心家。拉斯蒂涅克并非一个特例，在19世纪上半叶的法国乃至整个欧洲，有很多青年像他一样。因此，对该人物性格的分析要与时代和经济文化背景联系起来，这就是用普遍联系的眼光看问题。

四、思维训练实践

（1）计算流畅：写出得数等于下列特定数值的完整等式：8、15、6.7、112、3/4、625。

（2）词汇流畅：

①写出包含下列偏旁部首的汉字：口、小、火、土、金。

②写出以下列汉字开头的词语：山、天、海、家。
③写出包含下列字母的英文单词：e、n、a、z。
(3) 概念流畅：列举属于下列范围的具体事物名称：水果、交通工具、文具、武器、地理。
(4) 联想流畅：写出下列概念使你联想到的事物或情景：月亮、成长、理想、明朝。
(5) 表达流畅：用下列字组造句，并按如下顺序进行。
①春——石
②云——火
③鸟——水机
④风——风——风
⑤海——热——冬
⑥水——水——水——水

(6) 图形流畅：画出包含下列特定结构的事物。
三角形、圆形、半圆形、梯形、"T"字形。
(7) 排除异类：在下列各组词汇中，排除一个和其他不同类的，不同的分类有不同的答案，看谁找得快，并说出分类理由。
① 缅甸　日本　丹麦　菲律宾　马来西亚
② 东海　南海　黄海　威海　渤海
③ 春分　清明　谷雨　霜冻　小寒
④ 面条　馒头　米饭　烧饼　包子

任务四　创新意识

异想天开

　　创新意识是指人们根据社会和个体生活发展的需要，引起创造前所未有的事物或观念的动机，并在创新活动中表现出的意向、愿望和设想。它是人类意识活动中的一种积极的、富有成果性的表现形式，是人们进行创新活动的出发点和内在动力，是创新性思维和创新力产生的前提。

一、树立独立意识

　　从众心理是指个人受到外界人群行为的影响，在自己的知觉、判断、认识上表现出符合公众舆论或多数人的认知的行为方式。从众心理是个体普遍具有的心理现象，只有很少的人能保持自己的独立性。通常情况下，多数人的意见往往是对的，少数服从多数，一般也是不错的，但是，一个人在创新活动中缺乏分析力，不做独立思考，不由自主地赞同或屈从于某个群体的意志，则是不可取的。让自己的思路沿着他人的轨道运行，从而限制了自己的思路，减少了新"主意"产生的机会，这是一种消极的"盲目从众心理"。古今中外的伟大发明者和创新者，可以说没有一个是屈从于群体思维或盲从于他人思维的。

二、树立怀疑意识

我们要摆脱权威心理，权威心理是将某权威人士的言行作为判断是非曲直的唯一标准的心理。在学术领域，不少人习惯于引证权威的观点。一旦与权威相违背，就认为其必错无疑，这就是权威心理的体现。

我们只有摆脱权威心理的束缚，学会怀疑，才能推陈出新。荣获 1979 年诺贝尔物理学奖的美国科学家温伯格告诫人们，不要安于书本上给你的答案，要去尝试下一步，尝试发现有什么与书本不同的东西，这种素质可能比智力更重要。

三、树立系统意识

科学奠基人贝尔纳说："构成我们学习最大的障碍是已知的东西，而不是未知的东西。"这句话对于创新也很适用。我们要有能力忘掉已知的，否则，我们的脑海里必定塞满了既定的答案，那就不会有机会问一些能引导新方向的问题。这些心智枷锁都是已知的东西带来的，所以，打开心智枷锁的一个关键点就是暂时倒掉它们，把我们心智的杯子空出来。已知的东西往往会形成前进的障碍，如果我们对他人的创新缺乏正确的理解，就会将与自己有关的创新机会拒之门外。同时偏见往往会产生刻板效应，表现在思想的保守和对外在变化的反抗上。这种思维的落后和麻木，导致人们对问题缺乏分析和探索的意识。

只有善于忘掉已知的东西，才可能得到更多的未知的东西。知识是创新的必要材料与基础，然而仅仅从知识本身来说并不会使一个人具有创新力。创新需要灵活运用已知的知识，突破原有的知识，在"突破"时，不能受原来框框的限制，并且要善于忘却一些已知的东西。因此，从创新的角度来说，善于忘却是十分重要的。

四、树立开放意识

思维定式又称"习惯性思维"，是指人们按习惯的、比较固定的思路去考虑问题、分析问题。思维定式是一个人通过不断的学习和实践累积下来的经验和形成的自己独有的对世界、对客观规律的认识。所以思维定式的形成是一个长期的过程，而且一旦形成就具有极强的顽固性。

思维定式是一种按照常规处理问题的思维方式，它可以帮人们省去许多摸索、试探的步骤，缩短思考的时间，提高效率。在日常生活中，思维定式可以帮助人们解决 90% 以上的问题。

然而大量实践表明，思维定式对问题解决具有较大的负面影响。当一个问题的条件发生质的变化时，思维定式会使解题者墨守成规，难以涌出新思路，做出新决策，不利于创新思考，不利于创新，会造成知识和经验的负迁移。特别是当新旧问题形似质异时，思维定式往往会使解题者步入误区。

随着年龄的增长，许多人逐渐成为习惯的俘虏，忘记了使用"假如"所能产生的各种效应和可能性。此外，由于只有占极少数比例的"假如"才能产生新创意，这就使很多人不愿意花费太多的时间做这种思考，再加上学校里很少有人教学生使用发散性的"假如思考"，致使很多人的想象力日趋萎缩。因此，我们主张青少年多做"假如思考"，这有利于我们摆脱思维定式的束缚，有利于激发创新性思维，有利于创新发明活动的开展。例如，福建省莆田第二中学龚秋霞同学对龙眼的一种晚熟品种提出了"假如能把它的成熟期推迟到12月份"的假如思考，最终培育出晚熟的"反季节龙眼"。

创新思维需要善于变通。一个具有较好思维灵活性的人，在思维及解决问题的过程中，不呆板、不僵化，能够随机纠正错误，常常会出现"山重水复疑无路，柳暗花明又一村"的出人意料的效果。思维的灵活性可以给创新发明提供更多的回旋余地和机会。

创新思维的培养途径如下：首先，构建丰富的知识结构；其次，培养发散思维、逆向思维和辩证思维等思维能力；最后，努力加强讨论、协作和思想碰撞。

项目三　创新技法

引例

商业银行金融科技创新

为了解决小微企业融资难、融资贵等问题，国务院先后印发了《国务院办公厅关于金融支持经济结构调整和转型升级的指导意见》及《国务院办公厅关于金融支持小微企业发展的实施意见》。文件指出民营经济的主体还是小微企业，小微企业的发展关乎整个民营企业的发展，支持民营经济发展的重点就是要解决好小微企业的融资难、融资贵这一顽疾，发挥金融科技的优势，创新金融机构、金融产品和金融工具，为小微企业提供全方位、多领域、低成本、高效率的金融保障。在此背景下，W公司积极探索金融科技如何服务于小微企业，为小微企业解决相关的问题。

W公司是腾讯联合知名企业发起设立、国内首家开业的民营银行及互联网银行。W公司善于运用金融科技探索践行普惠金融、服务实体经济，为小微企业和广大群众提供了优质、快捷、精准的金融服务，并依托大数据分析来规避风险。W公司目前金融产品众多，覆盖面广，服务的个人客户已突破2.5亿人，企业法人客户超过170万家。W公司善于运用金融科技，在区块链、人工智能、大数据和云计算等方面处于领先水平，并于2017年获得了国家高新技术企业资格认定，这是国内首家获得该认定的商业银行。

W公司的"微业贷"是独特的放贷模式。首先，W公司依托自身优势，提供了种类丰富、收益稳定的存款产品来满足不同投资者的投资需求，投资者只需要在W公司App上选择符合自身要求的存款产品即可。灵活的存款产品及丰富的资产配置为W公司的"微业贷"提供了充足的资金来源，保障了"微业贷"的运行。其次，"微业贷"也有着得天独厚的优势，有资金需求的企业，只要满足经营两年且不存在不良纳税记录即可申请"微业贷"。企业不需要到线下申请，只需要在W公司App上或者"W公司企业金融"公众号上申请即可，登录方便快捷。收到企业的申请后，W公司首先用"白名单"筛除不良企业。再次，W公司利用超高维度和复杂结构数据评估客户信用，精准而全面，并做出用户画像。在获得用户画像后，W公司既可以匹配客户偏好和金融产品属性，为客户提供千人千面的金融产品推荐以及精准营销服务，又可以及时发现客户在经营中的风险，保障贷款的安全。

案例思考：

试着举例说明金融创新还可以有哪些方式？

知识要点

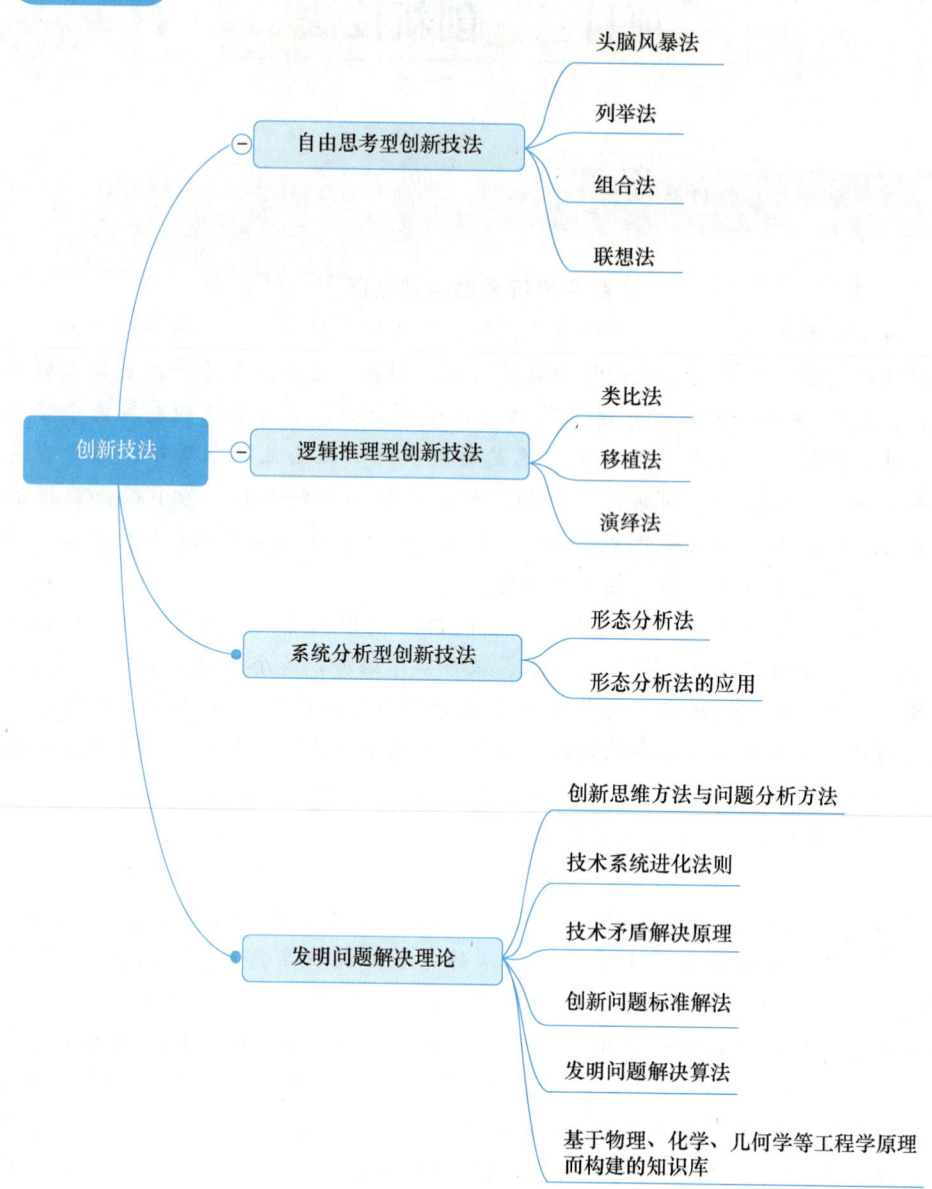

- 创新技法
  - 自由思考型创新技法
    - 头脑风暴法
    - 列举法
    - 组合法
    - 联想法
  - 逻辑推理型创新技法
    - 类比法
    - 移植法
    - 演绎法
  - 系统分析型创新技法
    - 形态分析法
    - 形态分析法的应用
  - 发明问题解决理论
    - 创新思维方法与问题分析方法
    - 技术系统进化法则
    - 技术矛盾解决原理
    - 创新问题标准解法
    - 发明问题解决算法
    - 基于物理、化学、几何学等工程学原理而构建的知识库

任务一　自由思考型创新技法

创新活动，特别需要创新者主观能动性和创新性智慧的充分发挥。要达到充分发挥的程度，必须有自由的创新环境和思维空间。基于以上考虑，创新学中提出了自由思考型创新技法，如头脑风暴法、列举法、组合法等技法。它们借助想象、联想、发散思维等，来解决创新过程中的一些问题。

一、头脑风暴法

头脑风暴法创新故事

头脑风暴法，是由美国创新学家A.F.奥斯本于1939年首次提出并于1953年正式发表的一种激发性的思维方法。此法经各国创新学研究者的实践和发展，至今已经形成了一个发明技法群，如奥斯本头脑风暴法、默写式头脑风暴法、卡片式头脑风暴法等。

有一年，美国北方格外严寒，大雪纷飞，电线上积满冰雪，大跨度的电线常被积雪压断，严重影响通信。许多人试图解决这个问题，但都未能如愿以偿。后来，电信公司经理应用奥斯本发明的头脑风暴法，尝试解决这一难题。他召开了一种能让头脑卷起风暴的座谈会，参加会议的是不同专业的技术人员，他们必须遵守以下四项基本原则。

（一）自由思考

要求与会者尽可能解放思想，无拘无束地思考问题并畅所欲言，不必顾虑自己的想法或说法是否"离经叛道"或"荒唐可笑"。

（二）延迟评判

要求与会者在会上不要对他人的设想评头论足，不要发表"这主意好极了！""这种想法太离谱了！"之类的"捧杀句"或"扼杀句"。至于对设想的评判，留在会后组织专人考虑。

（三）以量求质

鼓励与会者尽可能多而广地提出设想，以大量的设想来促进质量较高的设想的出现。

（四）结合改善

鼓励与会者积极进行智力互补，在尽可能多地提出设想的同时，注意思考如何把两个或更多的设想结合成另一个更完善的设想。

按照上述会议规则，大家七嘴八舌地议论开来。有人提出设计一种专用的电线清雪机；有人想到用电热来化解冰雪；也有人建议用振荡技术来清除积雪；还有人提出能否带上几把大扫帚，乘坐直升机去扫电线上的积雪。对于这种"坐飞机扫雪"的设想，大家心里尽管觉得滑稽可笑，但在会上也无人提出批评。会上，有一位工程师在百思不得其解时，听到用飞机扫雪的想法后，突然受到启发，一种简单可行且高效率的清雪方法冒了出来。他想，每当大雪过后，出动直升机沿积雪严重的电线飞行，依靠高速旋转的螺旋桨即可将电线上的积雪迅速扇落。他马上提出"用直升机扇雪"的新设想，顿时又引起其他与会者的联想，有关用飞机除雪的主意一下子又多了七八条。不到一个小时，与会的10名技术人员共提出90多条新设想。会后，公司组织专家对设想进行分类论证。专家们认为设计专用清雪机，采用远红外电热或电磁振荡等方法清除电线上的积雪，在技术上虽然可行，但研制费用大，周期长，且受地域条件的限制较大，一时难以见效。从"坐飞机扫雪"激发出来的几种设想，倒是一种大胆的想法，如果可行，将是一种既简单又高效的好办法。经过现场试验，人们发现用直升机扫雪很奏效，一个久悬未决的难题，终于在头脑风暴会中得到了巧妙解决。

所谓头脑风暴法，实际上是一种智力激励法。这种方法的英文原意可直译为精神病人的胡言乱语，奥斯本借用这个词来形容会议的特点是让与会者打开思路，使各种设想在相互碰撞中激起脑海中的创新性"风暴"。

头脑风暴法之所以能激发创新思维，主要因为群体创新活动中的联想连锁刺激、热情相互感染、竞争促进表现和个人欲望自由等四个因素。

二、列举法

列举法案例——康师傅

列举法是在美国内布拉斯加大学克劳福特教授提出的属性列举法基础上形成的，是具体使用发散性思维来克服思维定式的一种创新技法。具体来说，该技法借助对具体事物的逻辑分析，将其本质内容一一罗列，再针对列出的项目一一提出改进方案。根据列举问题的特点，问题列举法有不同的分类，其中常用的有缺点列举法、希望点列举法和属性列举法。

（一）缺点列举法

缺点列举法就是发现已有事物的缺点，将其一一列举出来，通过分析选择，确定发明课题，制订革新方案，从而获得发明成果的创新技法。它是改进原有事物的一种发明创新方法。

在社会生活中，各种不方便、不称心的事物到处可见，尽善尽美的东西是不多见的。即便一个事物的长处，在它的背后也会有弱点和不足，只要我们发现使用的物品存在不合理、不习惯、不顺手、不科学的地方，经过认真分析研究，就能从中选出有益的发明课题。此时的课题有比较明确的目的性，所以就有较高的成功率。

例如，麻婆豆腐是中国川菜中的一个品种。日本人学习我国制作豆腐的技术，然后从制作到烹调逐一环节进行改进。他们认为麻婆豆腐麻椒放得太多，口味太麻，一般人接受不了。于是，把麻味减轻，采用保鲜包装，命名为日本豆腐，出口到世界各地，导致美国人认为豆腐是日本人发明的。

缺点列举法的运用基础是发现事物的缺点，挑出事物的毛病。尽管世上万事万物都不是十全十美的，都存在着缺点，然而并非每个人都能想到、看到或发现这些缺点。其中主要原因是人都有一种心理惰性，"备周则意怠，常见则不疑"，对于习以为常看惯的东西，人们常常会认为历来如此。历来如此的东西总被认为是完美的，没有缺点的，所以人们就不肯也不愿意再去寻找或挖掘它们的缺点，这样也就失去了取得发明成果的机会，实际上也就失去了每个人都应该具有的创新力。

缺点列举法的实质是一种否定思维，唯有对事物持否定态度，才能充分挖掘事物的缺陷，然后加以改进。因此，运用缺点列举法，必须克服和排除由习惯性思维所带来的创新障碍。

（二）希望点列举法

希望点列举法由美国内布拉斯加大学的克劳福特首先提出。这是一种不断地提出"希望""怎么样才会更好"等的理想和愿望，进而探求解决问题和改善对策的技法。此法是通过提出对该问题和事物的希望或理想，使问题和事物的本来目的聚合成焦点来加以考虑的技法。

希望人人皆有,"希望点"就是指创新性强且科学、可行的希望。希望点列举法,是指通过列举希望新的事物具有的属性以寻找新的发明目标的一种创新方法。

搜集希望点可以按照智力激励法的要求召开希望点列举会议,每次可组织5—10人参加。会前由会议主持人选择需要革新的一件事情或者一个事物作为主题,随后发动与会者围绕这一主题列举出各种改革的希望点;为了激发与会者产生更多的改革希望,可将各人提出的希望用小纸片写出来,公布在小黑板上,并在与会者之间传阅,这样可以在与会者中产生连锁反应。会议一般进行1—2小时产生50—100个希望点,即可结束,会后再对提出的所有希望进行整理,从中选出目前可能实现的若干项进行具体研究,制订出详细的革新方案。

例如,有一家制笔公司用希望点列举法产生了一些改革钢笔的希望:希望钢笔出水顺利;希望绝对不漏水;希望一支笔可以写出两种以上的颜色;希望不玷污纸面;希望书写流畅;希望能粗能细;希望小型化;希望笔尖不开裂;希望不用打墨水;希望省去笔套;希望落地时不损坏笔尖;等等。这家制笔公司从中选出"希望省去笔套"这一条研制出一种像圆珠笔一样可以伸缩的钢笔,从而省去了笔套。

(三)属性列举法

属性列举法,也称特性列举法,是美国内布拉斯加大学的克劳福特教授提倡的一种著名的创意思维策略。此法强调使用者在创新的过程中观察和分析事物或问题的特性或属性,然后针对每种特性提出改良或改进的构想。

属性列举法特别适用于现有事物的分析与创新。首先,将现有事物的属性尽可能全面地列举出来,制成表格;其次,仔细分析每一种属性;最后,把改进这些属性的事项列成表格,进行具体研究。

通过将决策系统划分为若干个子系统(即把决策问题分解为局部小问题),把它们的特性一一列举出来,并将这些特性加以区分,划分为概念性约束、变化规律等,然后研究这些特性是否可以改变,以及改变后对决策产生的影响,从而研究决策问题的解决方法。此法的优点是能保证对问题的所有方面展开全面的研究。

三、组合法

组合法是指利用创新思维将已知的若干事物合并成一个新的事物,使其在性能和服务功能等方面发生变化,以产生新的事物或实现新的价值。以产品创新为例,我们可根据市场需求进行分析比较,得到有创新性的新的技术产物,可采用功能组合、材料组合、原理组合等方法。

人类的许多创新成果来源于组合。正如一位哲学家所说的:组织得好的石头能成为建筑,组织得好的词汇能成为漂亮的文章,组织得好的想象和激情能成为优美的诗篇。同样,发明创新也离不开现有技术、材料和创意的组合。

常用的组合法有主体附加法、异类组合法、同类组合法、重组组合法,以及信息交合法等。

（一）主体附加法

主体附加（添加）法是指以某一特定的对象为主体，通过置换或插入其他技术或增加新的附件而进行发明或创新的方法，它又可称为内插式组合。

此法常在对产品进行完善和改进时使用。在琳琅满目的市场上，我们可以发现大量的商品是采用这一技法进行创新的。如在自动铅笔上安上橡皮头，在电风扇中添加香水盒，在摩托车后面的储物箱上装上电子闪烁装置，这些创新具有美观、方便又实用的特点。又如最初的洗衣机只具有代替人搓洗的功能，后来增加了喷淋、甩干装置，使其有了漂洗和晾晒功能。电风扇也是如此，在逐渐增加摇头、定时、变换风量等装置后才成为今天的样子。附加与插入除了可更好地发挥主体的技术功能外，有时还可增加一些辅助功能或相关功能。如在老人用的手杖中插入电筒、警铃、按摩器等后就成了多功能拐杖；在自行车上安装里程表、挡雨罩、折叠货物架、小孩座椅等也使之用途更广。

主体附加法是一种创新性较弱的组合，人们只要稍加动脑和动手就能实现，只要附加物选择得当，就可以产生巨大的效益。

（二）异类组合法

将两种或两种以上不同种类的事物组合，产生新事物的技法称为异类组合法。根据参与组合的对象不同，异类组合可有下述几种情况。

1. 元件组合

元件组合并非一般的零件装配，而是把本来不是一体的两种或两种以上的事物适当安排在一起。目前市场上有许多产品都属于元件组合的创新成果。如收录机、电子表笔、闪光装饰品、香味橡皮、音乐贺卡等。

当前，令人瞩目的"机电一体化"趋向给人们提供了许多崭新的产品，这就是传统的机械工程与新兴的微电子工程相结合的成果。如电子秤、自动照相机、全自动洗衣机、数控机床、工业机器人等，它们都以结构简单、体积小巧、性能优良、成本低廉而受到人们的欢迎。

2. 功能组合

这是将某一物品加以适当改变，使其集多种功能于一身的方法。例如，有人将一种金属片进行适当加工后，代替八种不同的工具：小刀、开罐头刀、螺丝刀、开瓶器、扭转蝶形螺帽工具、锯、指甲锉、镜子。这种"多功能"作品设计奇巧、使用方便、替代性强，因而备受欢迎。

3. 材料组合

材料对产品性能有直接影响，有些产品还要求材料具有相互矛盾的特性。对此，我们进行材料组合便可以解决这一矛盾。

例如：钢芯铜线电缆、钢筋混凝土、混纺毛线、玻璃纤维制品、塑钢门窗等均可达到不同材料取长补短的作用；划玻璃的刀具、机械加工的车刀、轧钢的复合轧辊等可使昂贵的材料用到最关键的部位以节省成本；将磁性粉末与橡胶或塑料混合制成的"磁铁"更富有韧性，可弯可摔；有人设计了一种新型牙刷，其中心为硬尼龙毛，四周是软尼龙毛，使之兼具清洁牙齿、保护牙龈的作用。

4. 方法组合

在生产工艺和处理技术中，我们把两种以上独立的方法组合起来，也会有新的效果。科技工作者发现，当单独用激光或超声波对水进行灭菌处理时，都只能杀死部分细菌。如果先后启用两种方法处理，仍有相当一部分细菌不死。但要是两种方法同时使用，细菌则全军覆没，这就是"声光效应"。这种方法不仅在灭菌方面有效，在化学研究方面也有着潜在的巨大价值。

5. 技术原理与技术手段的组合

技术原理与技术手段的组合，可以使已有的原理或手段得到改善或补充，甚至形成全新的产品。

例如，弗兰克·惠特尔把喷气推进原理与燃气轮机相组合，发明了喷气式发动机。我国的发明家熊小伟把中医耳针的经络理论与现代电子技术相结合，发明了"速效止痛治疗器"。它集诊断与治疗于一体，被誉为"魔针""口袋里的医院"，在第 38 届尤里卡世界发明博览会上获得七枚奖牌。

6. 现象与现象的组合

现象组合是指将不同的物理现象组合起来，形成新的技术原理，形成新的发明。例如，德国科学家发明的一种清除肾结石的方法，就是两种现象的组合：一种现象是"电力液压效应"——水中两个电极进行高压放电时，产生的巨大冲击力能把坚硬的石块击碎；另一种现象是在椭球面上的一个焦点上发出声波，经反射后会在另一个焦点上汇集。利用这两种现象便可设计出击碎人体内肾结石的装置，让患者卧于一个温水槽中，并让有结石的部位置于椭球面的一个焦点上，把电极置于椭球面的另一个焦点上。经过约一分钟的连续放电，通过人体的冲击波就可汇集作用于结石，将其击碎。

（三）同类组合法

同类组合法就是将若干相同的事物进行组合，以求创新的一种创新技法。最简单的同类组合，如装在一只精巧礼品盒中的两支钢笔，两块手表，便成了象征友谊与爱情的"对笔""对表"。类似的有子母灯、双拉链、鸳鸯宝剑、双排插座等。据说赫赫有名的日本松下电气公司就是靠发明了双排插座发财起家的。

同类组合法的创新目的是，在保持事物原有功能和原有意义的前提下，通过数量的增加来弥补不足或产生新的意义和新的需求，从而产生新的价值。使用同类组合法获得成功的设计与开发的产品有很多，如下：

对转螺旋：将两个小直径螺旋分别装在同心套轴上，使其等速反向旋转，这样不仅可以提高推进效率，而且能消除螺旋桨对被推进物体附加的扭矩。

双钉订书机：一个福建青年将两个规格相同的订书机合为一体，并加上控制调节装置，便可使装订的质量和速度大大提高。

同样的，双针双杆缝纫机特别适合需要缝双线的牛仔衣裤；V形磨刀石只要来回推拉就可一次性将刀的两面磨好。

较为复杂的同类组合，如工业自动化可靠性设计中的冗余技术，人们在做自动控制设计时，可重复使用三片CPU（中央处理器）以3∶2表决通过的方式进行控制，从而提高可靠性。

（四）重组组合法

任何事物都可以被看作由若干要素构成的整体。各组成要素之间的有序结合，是确保事物整体功能和性能实现的必要条件。如果人们有目的地改变事物内部结构要素的次序，并按照新的方式进行重新组合，以促使事物的性能发生变化，这就是重组组合。人们在进行重组组合时，首先，要分析研究对象的现有结构特点；其次，要列举现有结构的缺点，考虑能否通过重组克服这些缺点；最后，确定选择什么样的重组方式。

一种新型自行车，只需要凭借一把扳手，不用任何零件，就能做出108种各不相同的车型。据说这是目前世界上可变换车型最多的自行车，可广泛应用于代步、康复、娱乐、载货、车技训练等方面，使骑着自行车踢足球、打篮球、打曲棍球，甚至左右开弓打马球等成为可能。

重组在商店柜台的安排、工厂的流水线布置中都有重要作用，不同的安排与布置会对销售额或生产率产生不同的影响。有的产品通过重组就能很快形成不同形式、型号的新产品。如真空吸尘器，它由三个基本部件组成：马达、贮尘箱、吸尘器。现将它们做各种可能的排列，如采用马达与贮尘箱并列、垂直、隐藏、分离等方式，加上吸尘器的不同连接便可组合成多达15种形式。

（五）信息交合法

信息交合法是建立在信息交合论基础上的一种组合创新技法，有时亦称为"坐标法"或者"强制联想法"。信息交合论有两个基本原理：其一，不同信息的交合可产生新信息。其二，不同联系的交合可产生新联系。根据这些原理，人们在掌握一定信息基础上通过交合与联系可获得新的信息，实现创新。

从某一事物出发，以此为发散点，尽可能多地与另一个（或一些）事物组合成具有新价值（或附加价值）的新事物的思维方式。

在人类近现代科技发展史上，第一次大组合是牛顿组合了开普勒天体运行三定律和伽利略的物体垂直运动与水平运动规律，从而创新了经典力学，引发了以蒸汽机为标志的技术革命；第二次大组合是麦克斯韦组合了法拉第的电磁感应理论和拉格朗日、哈密尔顿的数学方法，创造了更加完备的电磁理论，引发了以发电机、电动机为标志的技术革命；第三次大组合是狄拉克组合了爱因斯坦的相对论和薛定谔方程，创新了相对量子力学，引发了以原子能技术和电子计算机技术为标志的新技术革命。

科学界、商业和其他行业中都有大量的组合创新的实例。当然，组合不是随心所欲地拼凑，而是遵循一定的科学规律进行的有机组合。

四、联想法

联想法以由一个事物想到另一事物的心理过程为特征。比如，看见红的，就想到血；看到牛，就想到犁；看到黑，就想到白。巴甫洛夫认为联想法是由于两个刺激物同时或连续发生作用而产生的暂时神经联系。联想是一种创新性思维，也是一种最常用的发明技法。世界上的许多事物都是相互联系的,要善于联想以激发发明的思路。但是通过联想要达到发明的效果,还得提高创新性思维的水平,要根据发散性思维的敏感性、流畅性、灵活性、独特性和精确性的特征,经常训练。

事物之间的关系是多种多样的,联想法也有多种形式,由丰富的联想而引起的发明创新的例子有很多。联想一般分为四种:接近联想、相似联想、对比联想和因果联想。

(一) 接近联想

接近联想是在时间或空间上相接近的事物所形成的联想。例如,看到雪就想到冬天;看到天安门广场就想到人民大会堂;从潮水的涨落,联想到潮汐发电;从钢丝锯锯木板,联想到用来切割"松花蛋"的切割器;看到儿童就想到幼儿园、儿童活动中心、六一儿童节等;看到汽车就想到汽油、交通岗、红绿灯;等等。

在科学的创新中,接近联想是从已知探索未知的锐利武器。门捷列夫在圣彼得堡大学的一次化学学会上宣布化学元素周期表的发现,提出6种化学元素。他发现化学元素都是依照原子结构的特殊性按一定秩序排列的,按次序排列的元素经过一定的周期,它们的某些主要属性又会重复出现,并在每一个周期范围内,一定的属性是渐变的,即相邻两元素的主要物理、化学性质应该是相近的。如果这种渐变性被突然的跳跃而中断,就会联想到这里可能还有一个未知的元素存在。门捷列夫恰恰是运用这种接近联想法,发现了一些未知元素,并预测了这些元素的物理化学性质,后来的事实证明了这些设想是正确的,科学家研究分子、原子、质子、中子……都是运用了接近联想。卢瑟福在研究原子核的基础上,提出可能存在一种质量与质子相近的中子,就是运用了接近联想。现在人们发现了小的粒子克,靠的也是接近联想。

(二) 相似联想

世界上许多事物都存在着相似之处,对有相似特点的事物形成联想称为相似联想。客观世界众多的相似现象反映到人们的大脑中,积累起来就形成了知识单元的"相似块",也就是在心理过程中形成暂时神经联系的图式,成为相似联想的基础,现代先进技术都是依赖大脑中存储的"相似块",运用类比、模拟、仿生、模型等方法进行创新发明的。如从鳄鱼流泪排盐溶液原理,联想到水淡化;英国式垂直起落飞机,是模拟鸟垂直起落的翅膀结构功能研制的;从轮船的螺旋桨表面常有"气蚀"现象(被气泡破灭时所产生的一种冲击力所破坏)相似联想到用超声波在水中产生大量气泡,再使气泡破灭,产生一种冲击力;人们借助狗爬楼梯的双脚动作的相似联想发明了"爬楼梯车";适度而有节奏的声响能催人入眠,人们从列车行驶的单调声、小雨点的淅沥声,联想到在蜂鸣器中增设延时开关发出相似的模拟声,发明了"电子催眠器";等等。由橡胶发泡联想到冰棒发泡(雪糕的发明),由眼影膏联想到蜡笔(新型蜡笔的发明),这些也都是相似联想。

(三) 对比联想

由有对比关系或完全相反的事物形成的联想,称为对比联想。在常规面前,人们从对立的、相反的角度去思考问题,常呈现出一种奇特的、怀疑的、逆反的心理活动,能把自己的思路引向隐蔽的方面,使之打破常规,克服心理定式,悟出发明思路。如从废品、废物反过来联想到"变废为宝";金刚石转化为石墨,反过来联想到把石墨转化为金刚石;

由圆形西瓜想到方形西瓜。引起对比联想的两种事物一般都属同一范畴。例如，夏与冬都是反映季节的。因此，对比联想有利于我们从整体上看问题。

（四）因果联想

由有因果关系的事物形成的联想，称为因果联想。如美国工程师斯波塞在做雷达起振实验时，发现口袋里的巧克力融化了，探究其原因，是雷达发射时的微波造成的，找到这个因果关系，他就联想到用微波加热食品，发明了"微波烤炉"。有时为了获得某一种发明成果，人们需要经一连串的因果联想才能实现，这就叫作连锁反应的因果联想。如因下雪联想到发明"X 光感光纸"的连锁反应过程：雪不停—路面结冰—人滑倒—骨科忙 X 光胶片走俏—胶片原料短缺—需要发明 X 光感光纸。

任务二　逻辑推理型创新技法

一、类比法

类比创新—
涸辙之鱼

类比法是建立在类比推理基础上的一种创新技法。我们运用类比法，除了需要比较之外，还要进行逻辑推理，从比较中找到对象之间的相似点或不同点，在同中求异和异中求同中实现创新。

18 世纪中叶，奥地利首都维也纳有一位医生，名叫奥恩布鲁格。有一次，他给一个病人看病，没检查出病人有什么严重疾病，可是没多久病人就死了。解剖尸体发现其胸腔化脓，积满脓水。奥恩布鲁格一心想找到检查这种病症的方法。一天，他看见经营酒业的父亲用手指关节敲叩盛酒的木桶，根据不同的声音估计桶中酒的藏量。奥恩布鲁格豁然开朗，他想：人的胸膛不是很像酒桶吗？能不能也用叩敲的方法去诊断胸膛中是否积有脓水呢？经过多次临床实验，他终于探索出胸部疾病与叩击声音变化的关系，写出了《叩击体胸廓诊断胸腔内疾病的新方法》的医学论文，发明了"叩诊"这一医疗方法。

此外，施温发现了动物细胞中的细胞核，牛顿发现了万有引力，瓦特改进了蒸汽机，这些都和类比推理有着密切的关系。所以，发现行星运动定律的著名天文学家开普勒称类比推理是"自然奥秘的参与者"和自己"最好的老师"。

常用的类比创新技法有直接类比、对称类比、拟人类比、因果类比和象征类比等。

（一）直接类比

从自然界或已有的成果中寻找与创新对象相类似的东西做比较就是直接类比。通过直接类比创造新的事物的例子有用仿生原理设计了飞机和潜艇、以人体血液循环系统为启示发明了锅炉、从草割破手指而得到的启发发明了锯子等。

英国医生李斯特首创的无菌手术也是通过直接类比获得的。由于过去科学技术落后，外科手术成功率极低，据说80%的手术患者死于伤口感染。后来李斯特看到巴斯德发表的微生物引起有机物腐败的文章，他想伤口感染不也是一种有机物腐败现象吗？为了防止伤口感染，他认为手术器械必须严格进行消毒，经过反复试验，他终于发明了用石碳酸（苯酚）消毒的无菌手术法，拯救了成千上万的外科手术患者。

尼龙搭扣的发明者乔治，是一位很喜欢打猎的工程师，每次打猎归来衣物上都粘满草籽，即使用刷子也很难刷干净，非得一个一个把它们摘下来不可。有一次，当他把刚摘下来的草籽用放大镜深入细致地进行观察，使他大吃一惊，原来在这些小小的草籽上有一个有趣的奥秘，每个草籽上都有很多小钩子。正是这些小钩子牢牢地钩住了他的衣物。他想，难道不可以用许多带小钩子的布来代替扣子或拉链吗？经过多次试验和研究，他制造了一条布满尼龙小钩子的带子和一条布满密密麻麻尼龙小环的带子。两条带子相对一合，小钩恰好钩住小环，牢牢地固定在一起，还可以把它们拉开。乔治依靠他深入的观察而发明的这种尼龙搭扣，获得了国家专利。

瑞士著名科学家奥古斯特·皮卡德利用空气和海洋的相似性，创造了世界上第一个自由行动的深潜器；武器设计师通过分析鱼鳃启闭的动作，发明了枪的自动机构；农机师看了机枪连射后发明了机枪式播种机；德国滑翔机专家奥托·利伦撒尔以《鸟类飞行——航空的基础》命名他的专著；美国飞机发明家莱特兄弟以"谁要飞行，谁就仿鸟"为基础，发明了世界上第一架飞机。

（二）对称类比

对称类比是根据两个或两类对象之间的纵向的对称关系进行的类比。自然界中许多事物存在着对称关系。如物理学上正电荷和负电荷两者除了极性相反之外其他都相同，正电荷和负电荷是对称的。英国物理学家卢瑟福提出的"行星模型"原子结构假说是对称类比的一个杰作。原子核很小，却占原子总量的百分之九十九以上，这同太阳系情况十分相似。此外，原子核和电子间的电吸引力和太阳与行星间万有引力十分相似，他由此得出结论，既然太阳系是由太阳和围绕它运行的一系列行星组成，原子可能是由带正电荷的原子核和带负电荷的电子组成，后来，这一假说被证实是正确的。物理学家狄拉克从描述自由电子运动的方程中，得出正负对称的两个能量解。一个能量解对应着电子，那么另一个能量解对应着什么呢？人们都知道电荷正负的对称性，狄拉克根据对称类比，提出了存在正电子的对称解，结果也被实践证实是正确的。

（三）拟人类比

拟人类比是指把人自身与创新对象进行类比，从中发现相似点，形成新构思。如根据人的手臂动作设计的机械手，这是部分的拟人类比。模拟人的综合动作而研制的机器人能存储各种信息，能做各种动作，甚至有一定思维能力，这是整体的拟人类比。

早期西方社会学家把人类社会与生物有机体相类比，英国社会学家斯宾塞认为社会犹如生物有机体一样具有三个系统：营养（生产）系统负责必需产品的生产，循环（分配）

系统负责社会各个部分在分工基础上的联系，神经（调节）系统保证各个部分服从社会整体。把复杂的人类社会简单地、机械地类比为生物各有机体虽然不足取，但它反映了人类试图用类比思维认识社会。

拟人类比又称感情移入、角色扮演。在创新发明活动中，发明者把自己设想为创新对象的某个因素，并由此出发，设身处地地进行想象。例如，当我是这个因素时，在所要求的条件下会有什么感觉，会采取什么行动。

拟人类比同样可用于科学发明，凯库勒在朦胧中想象苯分子结构时，通过感情移入，感到自己就是一个苯分子，并像一条蛇一样咬住了自己的尾巴，据此悟到苯分子是碳原子的环结构，并非一般的碳原子链结构。

（四）因果类比

因果类比是指根据某一种或某类事物属性之间的因果关系，推知另一种或一类与其相似或相同事物的属性之间也存在类似的因果关系。例如，排放浴缸里的水时，水会形成逆时针方向的涡流，从排放口流出去。美国麻省理工学院的科学家谢皮罗在洗澡时留意到了这个现象。他分析了各种原因后认为，这种现象和地球的自转有关。他发表论文推测，在南半球，水形成的涡流应该是顺时针方向的，在赤道上，水应该没有漩涡。谢皮罗的推测引起了各地科学家的兴趣，他们在地球上的各地进行观察，发现谢皮罗的推测确实不错。以后这一现象被命名为"谢皮罗现象"。物体处于低纬度时，随地球转动具有的自西向东的线速度比较大，当物体由低纬度向高纬度运动时，仍然会保持低纬度的线速度，这个惯性就使物体向东偏。在北半球，浴缸里北边的水线速度比南边的大，就会形成漩涡，向东的惯性就会使水形成左螺旋，也就是逆时针。南半球恰好相反。飓风、龙卷风在北半球逆时针旋转，在南半球顺时针旋转，这也是"谢皮罗现象"。同理，北半球由南向北流的河，总是东岸被水侵蚀得比较厉害。

（五）象征类比

象征类比就是用具体的事物或符号来表示某种抽象的概念和思想感情，这种类比可使抽象问题形象化、立体化，为创意问题的解决开辟途径。

人们建造纪念碑、纪念馆一类建筑，需要有"宏伟、庄严"之感，于是就在其高度、范围、色彩、造型等创意设计上动脑筋，以实现这种象征意义。又如，咖啡馆需要幽雅的格调，茶馆要有民族风格，音乐厅必须有艺术性，于是人们就通过具体造型、色彩、装饰等来表达这种象征意义。可见象征类比不仅在发明创新上有很大作用，而且在绘画、雕塑、电影、建筑等创新上也很有启发作用。

（六）幻想类比

幻想类比亦称空想类比或狂想类比，它是变未知为已知的主要机制，但无明确定义。

戈登认为，为了摆脱自我和超自我的束缚，发掘潜意识的本我的优势，最好的办法是"有意识地自我欺骗"，而幻想类比就能发挥"有意识地自我欺骗"的作用。简言之，就是利用幻想来启发思路，如古代神话、童话故事中的许多幻想，在技术逐步发展之后很多已变为现实，就是运用了幻想类比。

西方社会有个节日叫"愚人节"，在这一天里，人们可以信口开河，任意取乐。某年，有人开心地说把牛体内的基因移植到番茄上，咬一口通红的番茄，就有香喷喷的牛肉味。猎奇的记者把这一"戏言"作为取悦人们的新闻报道出来。说者无意，听者有心。谁也没想到一些科学家认为，这在理论上说得通，而且认真地进行了研究。加拿大生物学家丹·莱弗伯夫博士经过两年努力，成功地把哺乳动物体内的基因移植到植物上，跨越了动植物之间基因移植的鸿沟。

（七）综合类比

事物属性之间的关系虽然很复杂，但可以综合它们相似的特征进行类比。例如，设计一架飞机，先做一个模型放在风洞中进行模拟飞行试验，就是综合了飞机飞行中的许多特征进行类比。同样，各领域的模拟试验，如船舶模型试验、大型机械设备的模拟试验等，都是综合类比。现在盛行的各种考试前的模拟考试也是这样，先出一张试卷，其中综合了将来正式考试中可能会出现的题型、覆盖面、题量和难度，以及考生可能出现的竞技心态，使考生对正式考试的各种情形有所了解，并能对自己准备的程度做出评价，然后有针对性地做好进一步应考的准备。

在上述几种类比中，直接类比是基础，它是生活中常见的类比，在这一基础上向仿生、拟人、象征化方向发展，就是仿生类比、拟人类比、象征类比；向对称、因果、综合方向发展，就是对称类比、因果类比、综合类比；向理想、幻想、完善方向发展，就是幻想类比。这几种类比各有特点和侧重，在创意、创新活动中常常相互依存、补充、渗透和转化。

二、移植法

所谓"移植法"是将某个领域的原理、技术、方法引用或渗透到其他领域，用以改造或创造新的事物的方法。移植法也称为"渗透法"。

从思维的角度看，移植法可以说是一种侧向思维方法。它通过相似联想、相似类比，力求从表面来看毫不相关的两个事物或现象，发现它们的联系。

英国剑桥大学教授贝弗里奇说：移植是科学发展的一种主要方法。大多数的发现都可应用于所在领域以外的领域，而应用于新领域时，往往有助于促成进一步的发现。重大的科学成果有时来自移植。实际上，许多创新活动都可借助于移植。

从技术的角度来看，常见的移植方式主要有原理移植、方法移植、回采移植、功能移植等方式。

（一）原理移植

无论是理论还是技术，尽管领域不同，但常可发现一些共同的基本原理。因此，人们可根据不同的要求和目的做移植创新。如红外辐射是一种很普通的物理过程，凡高于绝对温度零度的物体，都有红外辐射，只是温度低时辐射量极微罢了。将这一原理移植到其他领域，可产生新奇的成果，如红外线探测、遥感、诊断、治疗、夜视、测距等。军事领域有红外线自动导引的"响尾蛇"导弹，装有红外瞄准器的枪械、火炮和坦克，红外扫描及红外伪装等。

（二）方法移植

17世纪的笛卡尔是科学方法移植的先驱。他凭借丰富的想象力，借助曲线上"点的运动"的想象，把代数方法移植于几何领域，使代数、几何融为一体，创造了解析几何；美国阿波罗Ⅱ号所使用的"月球轨道指令舱"与"登月舱"分离方法，实际上就移植于巨轮不能泊岸时用驳船靠岸的办法；现代企业管理方法是行为学派将心理学原理移植到企业管理方法中而形成的；照相技术被移植到印刷排字中便形成了先进的照相排版技术。另外，科学研究中常用的一些方法，如观察法、归纳法、直觉法等都可以移植到技术创新中去。

（三）回采移植

历史表明，许多被弃置不用的"陈旧"事物，只要用现代技术（主要为材料技术、信息控制技术）加以改造，往往会促成创新。

帆船是古代就有的一种船舶。至今，东西方已有很多海洋国家成立了风帆研究所。现代风帆是用计算机设计的，具有很好的采风性能和推进性能。其制作材料已从尼龙发展到铝合金，帆的控制也是自动化的。所以现代帆船并非"扁舟孤帆"，而是万吨巨轮，有些帆船速度可与快艇媲美，加上节能、安全、无噪音、无污染等独特优点而深受人们喜爱。

又如，弩是古代的技术发明，它在17世纪趋于没落，现在又重现光辉：现在的弓箭箭镞是锌铬合金制成的，弩装备具有可变焦距瞄准镜。箭镞在300米内能像步枪一样准确地射杀目标，而且继承了其"祖先"悄然无声的优点。

（四）功能移植

功能移植是指把诸如激光技术、超声波技术、超导技术、光纤技术、生物工程技术以及其他信息、控制、材料、动力等一系列通用技术所具有的技术功能，以某种形式应用于其他领域。

如采用液压技术便可较好地解决远距离传动的问题，且简化机构操作方便；电子计算机的应用则使机械加工程序化、自动化；若将遗传工程移植至机械工程则会形成更大的变革——出现生物机构；在自然界中，河川中夹杂的有机物流入海洋并不会使其受到污染，原来是因为海洋中生长着能消化有机物的净化细菌，有机物经它消化后就变成了水和二氧化碳。环保专家将此功能移植于废水处理——引进净化细菌让它大量繁殖，以达到去污变清的目的。这就是目前污水处理的活性污泥处理法。

牛顿的故事

三、演绎法

建立在演绎推理基础上的发明创新技法称为演绎发明法。演绎推理以客观事实为前提，是一种合乎逻辑的必然性推理，因此结果比较可靠。演绎发明法在创新发明领域具有极为重要的作用，体现在它是构建科学理论体系最基本的方法之一，是检验科学技术理论的最有效的理论之一，是探索发明创新规律最常用的途径之一。

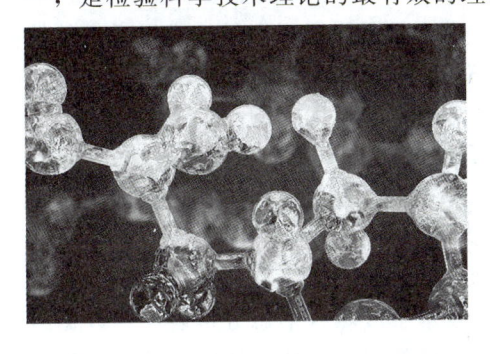

一般来说，先有科学理论的发现，然后才有以科学原理为基础逐渐发展起来的各种技术及其应用。当一种新的科学原理被发现后，就会产生连锁反应，衍生出许多新产品、新技术和新课题，并且还可以进一步演绎出更多更好的创新发明。

如19世纪中叶，法国化学家贝尔泰洛创建有机合成原理后，从该原理出发演绎出基本有机合成化工和高分子合成化工两大体系，并从这两大体系中进一步演绎出许多具体的有机合成化工产品。

任务三　系统分析型创新技法

创新活动是一种由多种要素组成的整体，从系统观念出发求解创新问题是一种科学的方法，系统分析型创新技法就是建立在对创新系统进行分析思考基础上的一类方法，可分为五个步骤：①明确地提出问题，并加以解释。②把问题分解成若干个基本组成部分，每个部分都有明确的定义。③建立一个包含所有基本组成部分的多维矩阵（动态模型），在这个矩阵中应包含所有可能的总体解决方案。④检查这个矩阵中所有的总方案是否可行，并加以分析和评价。⑤对各个可行的总方案进行比较，从中选出一个最佳的总方案。

一、形态分析法

形态分析法是由瑞士天文学家茨维基创立的一种新技法，又称"形态矩阵法"和"形态综合法"。

第二次世界大战期间，美国情报部门探听到德国正在研制一种新型巡航导弹，但费尽心机也难以获得有关的技术情报。然而，火箭专家茨维基博士在自己的研究室里，轻而易举地搜索出德国正在研制并严加保密的带脉冲发动机的巡航导弹。茨维基博士难道有特异功能？没有。他能够坐在研究室里获得技术间谍都难以弄到的技术情报，是因为运用了他称之为"形态分析"的思考方法。

形态分析法，是一种以系统搜索观念为指导，在对问题进行系统分析和综合的基础上，用网络方式集合各设想因素的方法。茨维基博士运用此法时，先将导弹分解为若干相互独立的基本因素，这些基本因素的共同作用便构成一种导弹的效能，然后针对每种基本因素找出实现其功能所需要的所有可能的技术形态。在此基础上，他对这些技术形态进行排列组合，结果共得到500多种不同的导弹方案。经过一一筛选分析，在排除了已有的、不可行的和不可靠的导弹方案后，他认为只有几种方案值得人们开发研究。

二、形态分析法的应用

用形态分析法进行新品策划，具有系统求解的特点。只要能把现有科技成果提供的技术手段全部罗列，就可以把现存的可能方案"一网打尽"，这是形态分析法的突出优点。但此法的应用也带来了操作上的困难，突出地表现在如何在数目庞大的组合中筛选出可行的方案。如果选择不当，就可能使组合过程中的辛苦付之东流。

因此，人们在运用形态分析的过程中，要注意把好技术要素分析和技术手段确定这两道关。比如，在对洗衣机的技术要素进行分析时，人们应着重从其应具备的基本功能入手，对次要的辅助功能暂可忽视。在寻找实现功能要求的技术手段时，人们要按照先进、可行的原则进行考虑，不必将那些根本不可能采用的技术手段填入形态分析表中，以免组合表过于庞大。当然，如果形态分析法能结合电子计算机的应用，那么从庞大的组合表中进行最佳方案的探索就可以实现。在创新活动中，人们的创新性主要来自潜意识，即人们的创新能力处于潜在（封闭）状态，它是可以被开发的。

任务四　发明问题解决理论

发明问题解决理论（缩写为"TRIZ"），由苏联发明家"TRIZ之父"阿利赫舒列尔在1946年最先提出。TRIZ理论的强大作用在于它为人们创造性地发现问题和解决问题提供了系统的理论和方法工具。

1946年，阿利赫舒列尔在苏联里海海军的专利局工作，在处理世界各国著名的发明专利过程中，他总是考虑这样一个问题：当人们进行发明创造、解决技术难题时，是否有可遵循的科学方法和法则，从而能迅速地实现新的发明创新或解决技术难题呢？答案是肯定的。阿利赫舒列尔发现任何领域的产品改进，技术的变革、创新都和生物系统一样，都经历产生、生长、成熟、衰老、灭亡的过程，都是有规律可循的。人们如果掌握了这些规律，就能主动地进行产品设计，并能预测产品的未来发展趋势。后来，在他的领导下，苏联的研究机构、大学、企业组成了TRIZ研究团体，分析了世界近250万份高水平的发明专利，总结出各种技术发展进化遵循的规律模式，以及解决各种技术矛盾和物理矛盾所使用和遵循的创新原理和法则，建立了一个由解决技术，实现创新开发的各种方法、算法组成的综合理论体系，并综合多学科领域的原理和法则，建立起TRIZ理论体系。20世纪80年代中期之前，该理论一直对其他国家保密。

TRIZ理论的核心思想主要体现在三个方面：首先，无论是一个简单的产品，还是一个复杂的技术系统，其核心技术的发展都是遵循着客观规律而发展演变的，即具有客观的进化规律和模式；其次，各种技术难度、冲突和矛盾的不断解决是推动这种进化的动力；最后，技术体系发展的理想状态是用尽量少的资源去实现尽量多的功能。现在TRIZ理论体系主要包括以下几个方面的内容。

一、创新思维方法与问题分析方法

TRIZ理论中提供了如何系统分析问题的科学方法，如多屏幕法等，对于复杂问题的分析，则包含了科学的问题分析建模方法——物—场分析法，它可以帮助人们快速确认核心问题，发现根本矛盾所在。

二、技术系统进化法则

根据技术系统进化演变规律，在大量专利分析的基础上，TRIZ 理论总结提炼出八个基本进化法则。利用这些进化法则，人们可以分析确认当前产品的技术状态，并预测未来发展趋势，开发富有竞争力的新产品。

三、技术矛盾解决原理

不同的发明创造往往遵循共同的规律，TRIZ 理论将这些共同的规律归纳成 40 个创新原理，针对具体的技术矛盾，并基于这些创新原理，结合工程实际寻求具体的解决方法。

四、创新问题标准解法

针对具体的物—场模型的不同特征，人们提出标准的模型处理方法，包括模型的修整、转换、物与场的添加等。

五、发明问题解决算法

TRIZ 主要是针对问题情景复杂、矛盾及其相关部件不明确的技术系统。它是一个对初始问题进行一系列变形及再定义等非计算性的逻辑过程，实现对问题的逐步深入分析，进行问题转化，直至问题解决。

六、基于物理、化学、几何学等工程学原理而构建的知识库

基于对物理、化学、几何学等领域的数百万项发明专利的分析结果而构建的知识库可以为技术创新提供丰富的方案来源。相对于传统的创新方法，比如试错法、头脑风暴法等，TRIZ 理论具有鲜明的特点和优势。它成功地揭示了创新发明的内在规律和原理，着力于澄清和强调系统中存在的矛盾，而不是规避矛盾，其目标是完全解决矛盾，获得最终的理想解法，而不是采取折中或者妥协的做法，而且它是基于技术的发展演化规律研究整个设计和开发过程的，而不再是随机的行为。实践证明，人们运用 TRIZ 理论，可大大加快创新发明的进程，而且能得到高质量的创新产品，能够帮助我们系统地分析问题情境，快速发现问题本质或者矛盾；能够准确确定问题探索方向，不会错过各种可能；能够帮助我们突破思维障碍，打破思维定式，以新的视觉分析问题，进行逻辑性和非逻辑性的系统思维；能够根据技术进化规律预测未来发展趋势，帮助我们开发富有竞争力的新产品。

埃及神话故事中会飞的魔毯曾经引起我们无数遐想，那么，现在我们不妨一步步分析这个会飞的魔毯。现实生活中虽然有毯子，但毯子是不会飞的，原因是地球有引力，毯子具有重量，而毯子比空气重。在什么条件下毯子可以飞？我们可以施加向上的力，或者让毯子的重量小于空气的重量，或者希望来自地球的引力不存在。如果我们分析毯子及其周围的环境，会发现一些可以利用的资源，如空气中的中微子流、空气流、地球磁场、地球重力场、阳光等，毯子本身也包括纤维材料、形状、质量因素等。我们利用这些资源可以

找到一些让毯子飞起来的方法，比如，毯子的纤维与中微子相互作用可使毯子飞翔；在毯子上安装提供反向作用力的发动机；将毯子放到没有来自地球引力的宇宙空间；让毯子因下面的压力增加而悬在空中（气垫毯）；利用磁悬浮原理；让毯子比空气轻。这些办法有的比较容易实现，有的仍然看似不可能。比如，毯子即使再轻，也要比空气重，对于这一点我们可以继续分析，比如毯子像空中的尘埃微粒一样大小等。通过上面这个简单的分析过程，我们会发现，神话传说中会飞的毯子逐渐走向现实，从中我们或许可以得到有趣甚至十分有用的创意。这个问题分析过程包括：首先，从幻象式构想中分离出现实的部分，我们对于不现实的部分，通过引入其他资源，使一些想法由不现实变为现实。其次，我们继续对不现实部分进行分析，直到全部变为现实。因此，这种反复迭代的办法常常会给看似不可能的问题带来一种现实的解决方案。

编二 走向创业之路

项目一 走向创业

引例

抓住教育行业的创业机会

"作业盒子"成立于2014年7月,最早从作业工具切入公立学校教学场景,2015年正式面向公立学校师生推出了"作业盒子"系列产品,目前已经构建了从工具到数据再到内容的"教—研—学—辅"完整的教育生态系统。作业盒子创始人兼CEO表示,"教育"一直是引发社会普遍焦虑的高频话题,国家提倡减负、学校要保证效率效果、家长渴求优质教育资源,这些矛盾背后的根源是优质教育资源供需之间的不平衡。

"教育的终局是创造供给,而非搬运供给",这是作业盒子此前提出想要推动解决的问题,即借助AI等技术手段大规模地创造教育供给,让每个教师都有个人的AI助教,也让每个家庭都拥有专属的AI教师,把相对重复、烦琐的知识"传递"工作交由更智慧的机器来完成,解放教师和家长,让他们更专注教育当中情感和精神的传达,让孩子学得更高效、更科学,这也是教育的本质。在作业盒子构建的未来教育场景中,机器将成为最好的"老师",为尽可能多的群体提供优质的教育资源。

根据作业盒子公布的数据,截至2018年4月,作业盒子累计注册学生用户已经超过2 700万人,教师用户超过200万人,覆盖了全国31个省市自治区、400多座城市的7 000所学校,日均采集学习行为数据超过1亿条,每天活跃用户超过370万人。在小学数学领域,作业盒子拥有全网最大规模、最全维度的学生学习数据库,构建了超过30个维度的学生数据肖像,这也是作业盒子的数据基础。

作业盒子成立三年,已经先后完成五轮融资,团队规模已经超过1 000人。

案例思考:
1. "作业盒子"抓住了市场哪些痛点?
2. "作业盒子"创始团队具有怎样的创业胜任力?
3. 你认为教育行业还有哪些创业机会?

知识要点

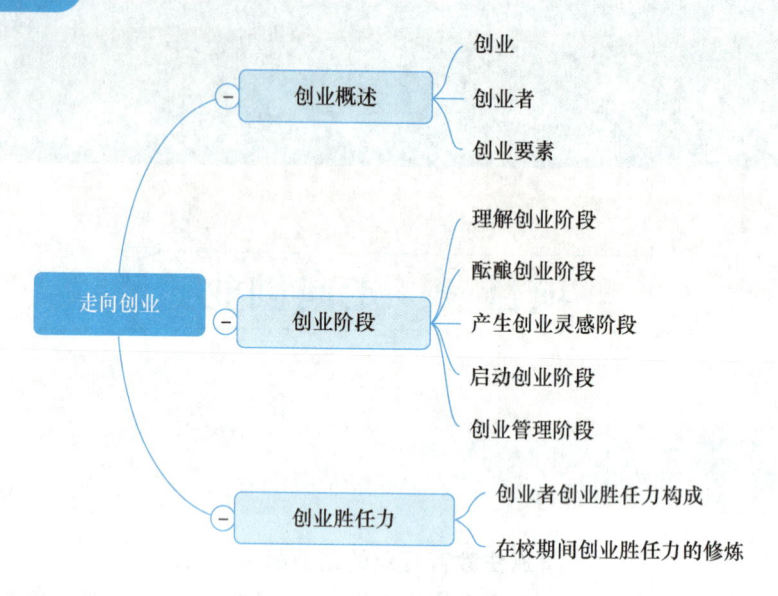

- 走向创业
  - 创业概述
    - 创业
    - 创业者
    - 创业要素
  - 创业阶段
    - 理解创业阶段
    - 酝酿创业阶段
    - 产生创业灵感阶段
    - 启动创业阶段
    - 创业管理阶段
  - 创业胜任力
    - 创业者创业胜任力构成
    - 在校期间创业胜任力的修炼

任务一 创业概述

一、创业

"创业"作为创立新的更高更好基业的思想、意识和精神在我国具有悠久的文化历史传统。当前,"创业"是更具有经济属性的概念,奥地利经济学家熊彼特认为,创业者首先为创新者,"创新"就是把一种新生产要素和生产条件的"新组合"引入生产体系;"创业教育之父"蒂蒙斯从教育学的角度给"创业"下的定义是:创业是一种思考、推理和行为方式,这种行为方式是机会驱动、注重方法和与领导相平衡,它更倾向于一种思想方法。

随着全球创业和创业教育事业的发展,创业的内涵和类型越来越丰富,虽然并没有一个关于"创业"的公认定义,但我们可以认为创业是对机会和想法有所行动,并将这样的行动转化到对他人的价值中,创业不仅包括自主创业和开办公司,还包括企业内部岗位创业、社会创业、绿色创业和数字创业等多种类型的创业形式。

二、创业者

关于"创业者",学术界存在着多种定义方式,虽然学者们的研究视角、表述方式等并不完全一致,但关于创业者的认识已经达成了如下一些共识:①创业者与商机之间关系密切,创业者是能够辨识和捕捉商机的人。②创业者需要承担一定的风险。③创业者是创业活动的推动者和实践者,在创业过程中处于核心地位。创业者是创业活动的实践者,在整个创业过程中起到核心作用。尤其是在创业初期,创业者内在的心理特质、知识和能力、背景和创业动机，直接影响和决定创业进程。需要注意的是，创业者不仅可以以个体形式存在，亦可以以团队形式存在。虽然迄今为止，人们尚不清楚创业成功必备的心理特质具体包括哪些，但绝大部分学者都赞同具有高成就需求、勇于冒险、具有创新精神的人较适合进行创业活动。

综上所述，我们可将创业者定义为：发现机会存在并就此展开创业活动，并在整个创业过程中处于核心地位、承担一定风险、起着关键的推动和领导作用的个人或者团队。

三、创业要素

创业要素是指那些开展创业活动必需的各种社会资源的总称。任何创业活动都是一系列创业要素组合的结果，创业者创业能力的高低取决于其能有效控制的创业要素的数量、质量、种类，以及这些要素间的相互匹配程度。各种创业要素通过相互作用推动企业的演化，任何创业要素性质的变化、不同要素间结构构型的变化，都会影响创业活动的效果，并最终决定所创企业是面临飞跃式成长，还是创业失败。研究表明，创业成功是一系列创业要素科学组合的结果，创业者可以通过优化这些创业要素的组合来提高其创业成功的可能性。

美国著名的创业研究者蒂蒙斯认为，创业是一个高度动态的过程，其中商机、资源和创业团队是创业过程中最重要的三大要素。如下图所示：

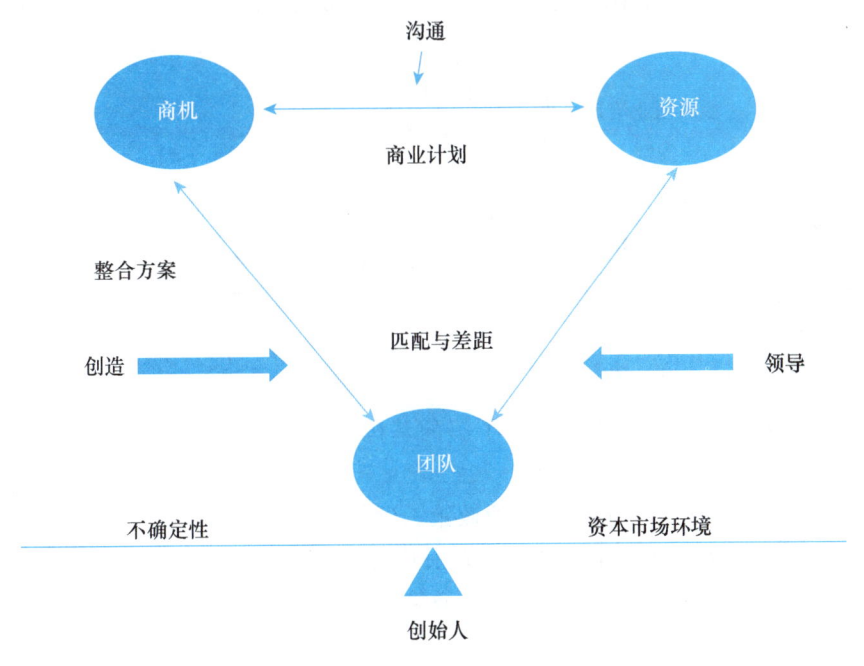

创业过程依赖于这三大要素的匹配和均衡，它们的存在和成长决定了创业向什么方向发展。创业过程的起点是商机，商机的形式、大小和深度决定了资源与团队所需的形式、大小与深度。创始人和创业团队的作用是利用其创造力在模糊、不确定的环境中发现商机，并利用资本市场等外界资源，组织领导企业实现商机的价值。在这个过程中，资源与商机是动态适应的过程。

任务二　创业阶段

创业过程是从商业机会的最初构思到形成新企业，直至新企业成长为成熟企业的整个过程。这一过程实际上是各种创业要素在进行相互适应的高度动态平衡的过程。

在实践中，创业者的创业过程可分为理解创业、酝酿创业、产生创业灵感、启动创业和创业管理五大阶段，每一阶段包含多项工作。

一、理解创业阶段

该阶段的主要任务是弄清"什么是创业"及"我是否适合创业"的问题。此阶段主要是创业者对创业进行初步认知和对自己的能力进行提升的阶段，尚无明确的创业方向。此时，创业者的主要工作包括参加各类创业培训了解创业是什么。在此基础上，创业者可通过各种创业能力测评来了解自身的创业胜任力、培训胜任力、信息需求、培训需求等信息，检验自己与创业者的差距。

表 2-2-1　理解创业阶段工作检查表

阶段名称	主要工作任务	所解决的问题	完成与否
理解创业	参加创业培训	创业是什么？ 创业就是开公司吗？ 创业一定要有发明吗？ 创业是有钱才能开始的吗？	☐ ☐ ☐ ☐
	创业测评	有创业者的潜质吗？ 哪些素质是创业必需的基本素质？	☐ ☐

二、酝酿创业阶段

该阶段的主要任务是在前期对创业了解的基础上，开始主动了解创业环境，反思自我，并初步确定自己的创业规划。

了解创业环境主要是了解相关的创业政策。近年来，我国先后出台了多项鼓励创业的优惠政策，创业者在制订创业计划之前应先了解自身条件是否符合享受优惠政策的要求。一般而言，这些政策通常包括创业奖励补贴政策、融资扶持政策、场地优惠政策和税费优惠政策。

创业者进行自身优势的反思是酝酿创业阶段的一项重要工作。创业者是创业活动的实践者，在整个创业过程中起到核心作用。尤其是在创业初期，创业者的优势是新创企业竞争力的主要来源。因此，在此阶段，创业者应思考清楚：我在创业经验、创业技术、关系、项目、资金等方面有优势吗？我去创业的话会有哪些制约条件？

创业最忌盲目，虽然有完整的创业规划也不一定能成功，但没有任何规划则失败的可能性更大。创业者在制订规划前需要思考清楚的问题是：我打算现在就创业还是工作几年积累一定经验后再创业？如果这次创业失败了，我还会继续创业吗？我的创业目标是什么？我有创业困难的应对计划吗？

表 2-2-2　酝酿创业阶段工作完成检查表

阶段名称	主要工作任务	所解决的问题	完成与否
酝酿创业阶段	参加创业培训	现在的宏观环境适合创业吗？	☐
		我感兴趣的行业适合创业吗？	☐
		现有的环境中哪些因素对我创业有利？	☐
		现有的环境中哪些因素对我创业不利？	☐
	反思自身优势	我在创业经验方面有优势吗？	☐
		我在创业技术方面有优势吗？	☐
		我在人际关系方面有优势吗？	☐
		我在项目方面有优势吗？	☐
		我在资金方面有优势吗？	☐
		我去创业的话会有哪些制约条件？	☐
	制订创业计划	我打算现在就创业还是工作几年积累经验后再创业？	☐
		如果这次创业失败了，我还会继续创业吗？	☐
		我的创业目标是什么？	☐
		我有创业困难的应对计划吗？	☐
	识别创业机会	我可以从哪些来源找到创业机会？	☐
		拟销售产品的总体市场性质和特征是什么？	☐
		拟创业项目的核心商业模式是什么？	☐
		拟创业项目的竞争优势在哪里？	☐
		选中机会的收益规模、毛利率是否大于心理预期？	☐
		该创业机会的成长速度如何？	☐
		我是否有能力组织起捕捉该商机所需的各种资源？	☐
		该机会有一定持久性，在我进入市场的时候机会窗口是否仍开启？	☐

三、产生创业灵感阶段

该阶段是在创业者萌发了创业愿望后而自发去搜寻和筛选商机的过程。商机最初是以各种各样的创意形式存在的，面对众多看似有价值的创意，创业者要想取得成功，必须及时、准确地识别出其中真正具有商业价值的商机，进而才能启动该创业活动。在此阶段，创业者的主要工作包括寻找创业机会、设计商业模式、开展市场调查、评估创业机会和制订创业计划。

四、启动创业阶段

此阶段是创业者围绕前期选定的某一特定项目聚集各种创业要素开展具体创业活动的阶段。该阶段的典型任务包括组建创业团队、筹集资金、设计企业制度、企业命名、选址、购置设备、注册成立等。这些任务的完成标志着创业者所创的新企业的正式诞生,可开展对外经营活动。

表 2-2-3　启动创业阶段工作完成进度检查表

阶段名称	主要工作任务	所解决的问题	完成与否
启动创业阶段	组建创业团队	团队成员如何构成？	□
		各成员是否有与创业项目有关的教育和工作背景？	□
		团队成员之间是否实现优势互补？	□
		创业团队共同的目标是什么？	□
		如何进行团队成员间的职权划分？	□
		如何提升团队成员的协作性？	□
		是否开展创业团队的调整融合？	□
		是否制定团队的激励措施？	□
	筹集资金	本创业项目需要的资金是多少？	□
		本创业项目可从哪些渠道筹集资金？	□
		本创业项目所需的资金采取什么方式筹集？	□
		拟采用的筹资方式的资金成本要多少？	□
		所筹资金的风险有哪些？	□
	设计企业制度	采取何种组织形式？	□
		采取何种组织结构？	□
		是否制定公司章程？	□
		是否制定激励制度？	□
		是否制定业务管理制度？	□
	注册成立	企业名称是什么？	□
		企业选址在哪里？	□
		是否完成工商注册？	□
		是否完成税务登记？	□
		是否购置设备？	□

五、创业管理阶段

该阶段的工作包括生产运营、市场营销、人力资源管理、财务管理、风险管理等企业日常管理工作。创业初期,创业者需做好新企业在市场的定位,并能弹性应变以确保存活。当新创企业发展成一个较具规模的企业时,专业化管理的作用将凸显出来。专业的人力资源管理、财务管理、市场营销管理等将使企业在规范中发展壮大。

需要注意的是，从理论上说，结构化的循序渐进的创业流程有助于创业者了解创业管理活动，有助于提升创业管理效率。然而，在实践中，创业环境是动态的、复杂的，创业者必须灵活应对创业过程中所遇到的各类无法预知的风险事件。因此，这些活动在创业中并非必需条件，且没有严格固定的先后顺序，创业者可视实际情况自行安排。

任务三　创业胜任力

一、创业者的创业胜任力构成

创业胜任力是指创业者胜任创业活动所必须具备的知识、能力、特质或动机等。虽然创业和进入组织成为"雇员"一样，也是个体职业选择的结果，但进行创业是一个较为复杂的职业发展和决策过程。与一般的前往企业就业的个体相比，创业者在创业过程中要承担更大的责任和风险，也正因为如此，创业者的职业发展对其提出了具备更高素质和能力的要求。

虽然迄今为止学者们还未就创业胜任力的结构维度达成一致，但创新精神、成就欲望等素质是创业者胜任创业活动的基础已经得到了学者们的普遍认同。创业者的创业胜任力需求包括创业外显胜任力和内隐胜任力两大类。具体而言，创业者需要的外显胜任力包括创业知识（如行业知识、经营管理知识、一般常识）和创业能力（如领导能力、战略决策能力、资源整合能力、创新能力、应变能力和交际沟通能力）；创业者需要具备的内隐胜任力包括创业价值观（如创业意识、创业精神、创业合作和团队精神、冒险精神、创业危机意识和竞争意识）、创业者的自我形象（如坚韧性、独立敢为性、自信心和乐观精神）、创业品质（如诚实守信、有责任感、有守法意识、有敬业精神和务实创新精神）和创业动机（创业欲望、创业成就感和创业期望）。

金字塔图（从顶至底）：创业知识、创业能力、创业动机、创业价值观、创业者的自我形象、创业品质

下面重点介绍几项创业者的创业胜任力。

（一）创业知识

创业知识是创业者胜任创业活动应具备的，与创业活动相关的各种经营、技术、组织管理等认识和经验的总和。创业者知识水平的高低对新企业经营活动具有重大的影响，创业者具有良好的知识储备是胜任创业活动的前提。根据知识与所创事业关联性的大小，我们可将创业知识分为三大类：第一类为基础性知识，即人们生产、生活中都必须具备的常识性知识；第二类为一般性经营知识，即开展任何生产经营活动都必须掌握的共性知识，如法律、税收、管理等知识；第三类为创业项目专业知识，即与所创企业直接相关的知识，如与特定产业相关的知识、技术、经验等。

需要注意的是，知识的获取和积累一方面是通过学校教育获得，另一方面是靠实践锻炼获得。经验作为一种特殊的知识，对于创业者具有重要意义。一名创业者有类似企业的从业经验能够使其获得该行业的特有技术秘诀，从而能够熟练地选择最佳经营方式，最大限度地规避风险，这些对于创业企业和创业者的成长都有重要的意义。

（二）创业能力

创业能力是指创业者在创业活动过程中运用已有知识解决问题的本领，即创业者在创业过程中表现出的机会识别、组织协调、风险应对、人际关系协调与创新等多方面的才能。

1. 机会识别能力

任何创业活动都始于商机的发现，不能发现商机，创业也就无从谈起。创业者对市场需求的预测能力、对目标市场的熟悉程度和对市场变化的警觉性，对其能否迅速掌握商机，启动创业活动并顺利将产品推向市场具有重要影响。

2. 组织协调能力

组织协调能力即根据组织目标，对资源进行调配、控制、激励和协调，使之相互融合的能力。创业者是研究、开发、生产与销售等各个环节的协调者、组织者和领导者。组织协调能力是一个创业者的基本能力。

3. 风险应对能力

创业过程中风险与机会并存，新企业时刻面临着市场变化和各种风险，这就要求创业者必须具有一定的胆识和能力从容应对，及时制定相应的风险对策，并能够利用其中可能的机会发展企业。

4. 人际关系协调能力

困难和挫折在创业过程中不可避免，创业者的人际关系协调能力直接关系其能否及时协调、解决新企业内外部的矛盾、获取资源持有者的支持，进而使新企业内外实现高效协作。在各种传播媒体日益发展、社会关系日益紧密的今天，创业者的人际关系协调能力越来越重要。具有良好的人际关系协调能力，善于与不同的机构和不同的人员打交道，能够帮助新企业顺利排除各种障碍，打通关节。

5. 创新能力

创新能力是创业者对现有产品和技术继续改进创新的能力，以及对相应技术市场发展方向的把握程度。新企业提高竞争力的关键在于发挥创业者的创新能力。只有不断地用新的思想、新的产品、新的技术、新的制度和新的工作方法来替代原来的做法，才能使企业在竞争中立于不败之地。

创业能力是一种能够顺利实现创业目标的特殊能力，它直接关系创业实践的成败。从创业能力的形势来看，它不是通过遗传得到的，也不是靠单纯的专业学习获得的，而是在后面的学习培养和社会实践双重作用下逐步形成的。在具体形成的过程中，我们需注意以下几点：①创新能力是创业能力的核心；②机会识别能力是创业能力的支柱；③组织协调能力是创业能力的基础；④人际关系协调能力是创业能力的保证；⑤专业知识技能是创业能力的关键。

（三）创业者的自我形象

组合创新法案例及思考

心理学认为，自我形象是指个体根据他人对自己的反映，来了解自己的一切，加深对自己的认识。自我形象主要体现在三个方面：一是被他人看到自己的姿态的自我觉察；二是他人对自己所做的评价与判断的自我想象；三是他人对自己怀有的某种感情，即自尊或自卑。

创业者拥有积极的自我形象能够增强自身的创业警觉性，从而拥有对行业、变化、环境等更为复杂的图式，思维更加活跃，进而更加容易识别创业机会与把握创业机会，从而提升创业绩效。从对已有的创业成功人士的研究结果来看，成功创业者普遍将自我形象定位为"具有主动性、灵活变通性、坚韧、适中的冒险性、独立、自控性强与自信"等。

（四）创业意识

创业意识是创业者重要的内稳胜任力。创业意识是指在创业过程中，对创业者起推动作用的个性心理倾向。它源于对现实条件和就业状况的客观分析，是对成功的渴求和对现状的不满而激发的强烈的事业心和使命感，以及由此产生的更高的人生价值追求。创业意识由创业需要、创业动机、创业兴趣和创业理想等要素构成，是促进人们启动创业活动的个性因素。

在创业实践过程中，创业意识具体体现为创业者的商机意识、转化意识、战略意识和风险意识等。

1. 商机意识

成功的创业者通常具备敏锐的商机意识。创业者的商机意识，即创业者对商机的敏锐度，并能有意识地研判未来市场形势的走向。发现创业机会不是一件容易的事情，对于创业者来说，发现创业机会的能力也是一个成功创业者必备的素质。

2. 转化意识

创业者的转化意识，即整合各种资源将商机转化为现实生产力的意识。如在机会来临时，创业者能及时把握住，并把商机转化成实际收入和公司的持续运作能力，最终实现自己的创业梦想。转化意识就是能活学活用已有的知识、人际关系、资源等，并将其灵活地转化为创业活动所需的智力资本、人际关系资本等各种资本。

3. 战略意识

战略意识是创业者在对当前拥有的资源、面临的内外形势综合判定之后，对远景的布置及大体行动总纲的确定。从一定程度而言，战略意识直接决定创业者以后的成长空间。战略意识一旦形成，创业者在创业过程中就会时刻保持战略高度，不以朝夕得失论成败。因此，创业者要具有很强的战略意识。

4. 风险意识

对于任何创业者来说，创业风险意识都具有重要意义。首先，创业风险是所有风险之中最早到来的风险，并且是其他经营风险的根源，若其发生，将可能直接导致新企业的夭折。其次，企业处于成立的初期，事务繁多，这也就造成了创业风险具有很强的隐蔽性，创业者不易觉察或无暇顾及。更为重要的是，主观认识的有限性和客观条件的动态易变性，会导致任何新企业都无法完全规避创业风险。由此可见，创业者要想取得良好的创业绩效，必须具备风险意识和规避风险的能力，采取有效措施控制创业风险的发生。

（五）创业精神

创业精神是指在创业者的主观世界中，那些具有开创性的思想、观念、个性、意志、作风和品质等。创业精神包括三个重要的主题：一是对机会的追求。创业精神追求环境的趋势和变化，而且往往是尚未被人们注意的趋势和变化。二是创新。创业精神包含变革、革新、转换和引入新方法，即新产品、新服务和新方式。三是增长。创业者追求增长，不满足于小规模或现有的规模上，而是希望他们的企业能够尽可能地发展，员工能够拼命工作。因为他们在不断地寻找新趋势和新机会，不断地进行创新，不断地推出新产品和新的经营方式。

一般来说，目前大家普遍接受的是，从"创新、自治、风险承担、超前行动和积极参与竞争"五个维度来衡量创业精神的强度。大多数人将"诚实谦逊、积极正派、热情负责、克制忍耐、勤俭敏锐、公道大度、坚韧自信、团结互助"归为创业精神的成功要素。

二、在校期间创业胜任力的修炼

（一）外显性创业胜任力的养成方式设计

我们通过对创业胜任模型中外显性素质和内隐性素质的特点进行分析可知，外显性的创业知识和创业能力是创业者开展创业活动的基础素质要求，属于容易被测量和观察且可以通过有针对性的培训得到加强的素质类型。多层次、有效互补的创业课程体系可以帮助创业者深入理解和掌握创业知识和创业技能，进而促使其外显性创业胜任力的形成。鉴于此，积极参与多层次的培训课程十分必要。在校生可通过学习公共基础类创业课程、创业选修课程和在学习专业课程时有意识地捕捉创业可能性等方式，实现逐级聚焦式的外显性创业胜任力的培养。

1. 公共基础类创业课程

根据教育部关于创新创业教育课程"面向全体大学生纳入教学主渠道"的要求，各高校应面向全体学生开设一门创业必修课程——"创新创业"。该课程可充分发挥课堂主渠道的作用，实现创业一般知识的普及教育。

2. 创业选修课程

针对创业过程可能涉及的创业机会识别与项目选择、筹集资源、项目营销推广与风险控制等经营管理知识需求，在校生可有选择性地学习"市场营销""财务管理""经济法""企业管理""TRIZ 理论"等选修课程。这些课程主要针对那些对某一方面经营管理知识尤其感兴趣的学生，重在兴趣偏好的培养及专项创业技能的训练。

3. 渗透创业思想，学习专业课程

将创业思想渗透到专业课程学习中，不仅有利于创业胜任力的培养，而且有利于进一步强化自身专业知识的学习。此外，在校生还可通过创新思维训练、专业兴趣小组和专长生工作室等第二课堂平台，参与这些基于专业学习的创业技能训练。

（二）内隐性创业胜任力的养成方式设计

创业知识和创业能力仅仅是高校创业者的技术和能力准备，创业者真正启动创业并产生良好的创业绩效，更加依赖其深层次的内隐性创业胜任力。相对于外显性创业胜任力而言，内隐性创业胜任力不容易被观察和测量，也难以被改变和评价，这部分素质很难通过后天的培训得以形成，盲目地对全体学生开展此类培训很难真正起作用。因此，高校创业教育体系中应逐步锁定关注的人群，有选择性地集中资源、逐级聚焦、培养少部分真正感兴趣、有意愿启动创业的学生。有志于启动创业实践的学生可在前述修炼方式的基础上，通过参与校园创业文化建设、参加模拟创业项目等方式，实现逐级聚焦式的内隐性创业胜任力的培养。

1. 校园创业文化建设

在校生可通过主动寻求学校创业服务机构的服务、听创业讲座、学习典型案例等手段体验校园创业文化氛围。学校通过氛围的浸润，潜移默化地激发创业者的创业欲望。

2. 模拟创业比赛

校园创业文化氛围的熏陶面向所有学生，帮助其积累创业经验。对于已经萌发创业欲望但又缺乏某些创业要素的学生，学校可通过创业计划大赛、创业经营沙盘演练、创业模拟软件等形式进行模拟创业对抗训练，使学生更加直观地了解创业实战的策略与知识，体验创业过程，积累创业经验。这类模拟创业活动一般以团队形式进行模拟对抗和竞争，可以有针对性地培养学生创业胜任力中的"创业合作和团队精神""冒险精神""创业危机意识"和"竞争意识"。此外，此类比赛的进行要求学生运用大量的从不同课程中学到的知识，使学生从被动填鸭式接受知识转变为主动查找、补充知识。

3. 项目体验

虽然模拟创业活动在锻炼和培养学生内隐性创业素质上具有重要的作用，但由于是在虚拟环境下展开的理论对抗，学生无须为决策付出实际的代价，也无须经历创业过程中的人际交往、创业经营等过程，从而无法完全体验真实创业过程的艰辛，无法积累真实的实践经验。为了有效积累创业经验，少部分有将创业意图转向真实创业活动的同学，可在校园内进行相对门槛低、投资小、简单易操作的创业体验活动，如开淘宝店、面向校内开设打印社、开奶茶店、开设快递收发货点等。这些小型真实创业项目的运作，不仅可以帮助学生检验创业项目的可行性，更能磨炼学生的意志，使其树立坚韧、独立敢为、自信、乐观的自我形象。

4. 创业项目孵化

面向校外市场开展更大范围的创业活动是学生实现运用所学知识、技能与创业活动零距离对接的主要纽带，也是全面培养学生守法意识、敬业精神等创业品质的有效途径。学校通过建立创业项目孵化基地，并采用真实项目运营、整合校内外资源进行分层次、差别化辅导的模式，为在校生进行创业提供资源、技术、创业辅导等过程性支持。

项目二　创业项目

引例

能洗红薯的洗衣机

H集团洗衣机曾在四川省市场受挫，有消费者投诉其水管不畅致使洗衣机难以运转。H集团立刻派人去调查，他们发现原来这个消费者生活在一个"红薯之乡"，当年红薯喜获丰收，卖不出去的红薯需要加工成薯条。红薯在加工前要先洗净，但红薯上沾带的泥土洗起来费时费力，于是这个消费者就用洗衣机来洗。他将洗衣机用于洗红薯，结果当然是泥沙俱下，堵塞了水管。

H集团经过更进一步的调查发现，四川省农村有不少洗衣机用过一段时间后，电机转速减弱、电机壳体发烫。向农民一打听，才知道，他们冬天用洗衣机洗红薯，夏天用它来洗衣服。技术人员一开始是把此事当笑话讲出来的，但是，H集团董事局主席兼首席执行官Z听了之后却不这样认为，Z对科研人员说："满足用户需求，是产品开发的出发点与目的。"技术人员对开发能洗红薯的洗衣机的想法很不理解，因为按"常理"论，客户这一要求太离谱了！但Z说："我们要开发创造出一个全新的市场。"终于，"能洗红薯的洗衣机"在H集团诞生了！它不仅具有一般双桶洗衣机的全部功能，还可以洗红薯、水果。

其实这个改造过程并不需要艰难的科技攻关，无非是花很少的钱改进一下网管，使排水管道能够排除洗土豆、红薯所留下的泥沙而已。经过网管改造的洗衣机投放当地市场后，收到了绝好的效果，H集团打出的广告就是"能洗红薯的洗衣机"。此举一出，当地许多消费者都来买H集团的洗衣机了。如此一来，H集团在困境中异军突起，不但重新打开了销路，而且扩大了市场占有率。有了这一次的经验，H集团不断在增强产品适应性方面做文章。几年后，H集团针对上海人住房小的情况，生产出了适合上海市场的小巧型洗衣机，专门投放上海市场，收到了良好的经济效益。

如今，H集团的生产单位已经延伸到多个领域，发展到拥有白色家电、黑色家电、米色家电在内的96大门类1500多个规格的产品群，并出口到世界100多个国家和地区。

案例来源：https://www.niaogebiji.com/article-153013-1.html.

（有删改）

案例思考：

1. "能洗红薯的洗衣机"的商机是怎样被H集团发现的？
2. "能洗红薯的洗衣机"的成功体现了H集团怎样的创业精神？
3. 你认为识别一个创业项目需要关注哪些因素？

创新创业与实践实训

> **知识要点**

```
                    ┌— 创业项目的识别及影响因素 ┬— 创业项目的识别
创业项目 ─┤                                    └— 影响创业项目识别的关键因素
                    └— 创业项目的识别方法及过程 ┬— 识别创业项目的常见方法
                                                 └— 识别创业机会的一般过程
```

任务一 创业项目的识别及影响因素

一、创业项目的识别

企业依赖信息，犹如夜晚轮船依赖灯塔一样。创业者要从诸多信息之中识别出有利于企业发展的项目。识别一个项目是不是好的创业项目，就是要把相关的人员召集起来，利用集体的智慧，鼓励大家积极参与，深入思考，大胆地提出各种设想。创业者可以从以下几个维度进行思考。

（一）市场的趋势和关联性

一个市场的兴起并不是毫无缘由的，常常与某个有着旺盛需求的市场有着某种必然的联系。举例来说，运输市场的需求便是非本源需求，即运输需求是由其他方面的需求引起的。比如，沿海地区的工业发展必然会引起对人才的大量需求，而人才的需求不仅导致运输市场的兴旺，也导致了相关种类技术培训业的火爆，各地的培训学校如雨后春笋般出现便是再好不过的证明。实际上这种由需求引发的机会非常多，关键是要积极获得必要的信息，并且有效地付诸行动。

（二）顾客的抱怨和市场痛点

尼龙搭扣

顾客的抱怨有时并不是一件坏事。抱怨不外乎是对服务质量或产品功能等方面的不满，而这其中也蕴含着商机。事实上，许多产品或服务的改进都是源于顾客的抱怨，改进后的产品功能更加完善，因而能够吸引更多的顾客。事实上，顾客的抱怨恰恰形成了一种市场反馈机制，引导着企业改善服务质量，改进产品性能。如计算机刚开始出现时，由于其功能单一、计算速度慢而未能普及，随着其功能的日益完善和计算速度的提高，尤其是互联网的出现以及购买成本的降低，计算机迅速走进千家万户。不断改进的运输工具和设施，也是顺应了人们要求出行快捷、方便、舒适的"抱怨"。

曾有一位老妇人购买了一台S牌电视机，当时S牌的产品说明书只有文字的，而这位妇人并不识字。她将电视机买回家后，自己研究了半天，电视机也不能正常运作。于是她给S公司打电话，抱怨他们的产品质量不行。维修人员到其家中了解情况时，发现这位老妇人竟然没有插上电源插头。但他们并没有责怪这位老妇人，而是帮她插好了电源插头。这近乎不近人情的抱怨被他们带回了公司，公司十分重视，积极改进。此后，S牌电器说明书都附上了图示,大大方便了购买者,同时促进了销售。

(三)顾客的猎奇心理

顾客常常因好奇而产生"试试看"的动机,这一动机自然就会产生很多商机,例如,3D版影片《2012》的上映在中国引领了一股"末日经济"潮流,许多打着"末日必备"旗号的网络商品热销。据百度数据显示,某购物网站中一款名为"诺亚方舟船票"的商品,成交指数在《2012》上映后的一周之内猛增了1 143%,"此时将一张船票作为礼物送给朋友既能凸显霸气又颇具创意",一家淘宝店铺在商品说明中这样描述。此外,"末日服装""末日美白面膜""末日普洱茶"等稀奇古怪的商品也搭上了这班顺风车,在淘宝网上卖得红红火火。当年如果在淘宝网上搜索"世界末日""末日""灾难"等关键字,会有超过3 000件商品跳出来,包括T恤、牛仔裤、棉服、书包等各类商品,应有尽有。一家淘宝店主说:"商家抓住了消费者的猎奇心理,通过炒作末日概念来进行商业运作,消费者则抱着娱乐精神来迎合。"

(四)顾客的享受心理

随着生活水平的日益提高,人们寻求舒适、方便的心理也愈加强烈,生活质量成为人们在工作之余最为重视的方面,于是桑拿、按摩等服务业应运而生。同时,"顾客第一""顾客至上"也成为一般商品和运输服务的主要理念,如今的豪华客车和夕发朝至列车、"一条龙服务"的货运等都是迎合顾客享受心理的体现。

与此同时,爱美也是人的一种本能和普遍心理,人们普遍喜欢追求商品的艺术价值和欣赏价值,这在文艺界、青春期女生及中青年,甚至老年女士中都很常见,在经济较为发达的地区的顾客中尤为突出。他们在选择购买商品时,比较注重商品自身的色彩美、造型美,也注重商品是否能对人体、环境起到装饰美化的作用,以此来达到精神享受和艺术欣赏的目的。随着生活品质的不断提高,人们的物质需求得到满足之后,就会开始有更高的精神需求。日益增多的电影院、商场就见证着人们消费方向的转变。不可否认的是,人们消费观念的转变也带来了无限的商业机遇。

(五)与新生事物相伴的项目

新生事物包括新技术、新产品、新制度、新法规等。新技术的应用通常能够带来一场消费革命,也蕴藏着巨大的商机。新制度和新法规的出台,既蕴藏着新的商机,也可能对某些不良行为产生巨大的约束作用。比如,实行"燃油税改费"和"计重收费"等制度改革,必然会对屡禁不止的"三超运输"起到明显的改善效果。世界能源紧缺的时代到来了,各种打着"节能"旗号的产品也开始大行其道。再比如,物联网的广泛应用带来了无限商机,它不仅实现了物与物的交互,还实现了人与物的互动。通俗来讲,就是很多物品被物联网变成了"通人性"的东西。但要想更好地把握住机会,我们就必须拥有敏锐的目光和相应的技术手段。

（六）与重大节假日相伴的创业项目

每个地区或者国家都会有自己的节日或者庆典，中国除了有元旦、春节、端午节、清明节等传统节日之外，近些年来又涌现出很多新的节日，如教师节、母亲节等，"洋节"也逐渐被中国青年人所接受，如圣诞节、情人节、愚人节等。每一个节日的出现都会形成新的文化热潮，促成新的购物高潮和旅游高峰，商家能够从中发掘大量创造利润的有利时机。例如，中国的春节给运输市场带来了巨大利润。

（七）国家或地方政策的重大变化

国家或地方的政策如果发生了重大变化，与之相关的领域一定会受到极大影响。可能会使一些行业的存在就此终结，也可能促使若干行业重生，甚至令整个地区的经济获得前所未有的活力。例如，重庆成为直辖市不仅使重庆的交通发展有了千载难逢的机会，也带动了整个社会经济的强劲发展；振兴东北老工业基地的政策不仅重新焕发了东北地区老工业的生机，也给整个东北地区的经济注入了活力；中部的崛起则使我国的东、中、西部更加和谐有序地发展。

（八）重大项目建设

国家经济建设中的重大事件，如京九铁路、川藏铁路的建设，葛洲坝、三峡水电站的建设以及西气东输、南水北调、西煤东运、西电东送等重大工程项目的相继建成与投产，都会带来重大商机。因为这些项目的建设必然使木材、水泥等建筑材料的需求量得到大幅的增长，同时会对运输形成巨大需求，这无疑会拉动项目所在地相关产业的发展。

（九）天文地理等自然现象

自然现象并非人为导致的，它们对人们的生活及情绪产生的冲击或影响非常大。如太阳的活动、臭氧层的破坏、温室效应，甚至风霜雨雪、反常的气候等都能够创造无限的商机，如重庆很少出现雪天，人们为了观赏难得一见的雪景，每当绍云山下雪之时，往往举家前往观赏，从而给当地的运输和旅游业带来诸多商机。

二、影响创业项目识别的关键因素

创业机会的识别是创业过程的开始，是整个创业活动中非常重要的一个阶段。机会识别，具体说来，就是要了解某个机会的方方面面，发现其吸引人和不吸引人的地方，判断创业者利用某个特定机会的商业前景是什么。

对于是什么因素导致一些人更善于识别出有价值的创业机会，不少学者进行过研究，下面是达成共识的四类主要因素。

（一）历史经验

特定产业中的历史经验有助于创业者识别机会。在某个产业工作，个体可能会识别出未被满足的市场。某个人一旦投身于某产业进行创业，他将比那些从产业外观察的人更容易看到产业内的新机会。

(二) 认知因素

机会识别可能是一项先天技能或一种认知过程。有些人认为，创业者有"第六感"，使他们能看到别人错过的机会。多数创业者以这种观点看待自己，认为他们比别人更"警觉"。警觉从某种程度上来说是一种习惯性的技能或拥有更多某个领域知识的人，比其他人对该领域内的机会更警觉。例如，一位计算机工程师就比一位律师对计算机产业内的机会和需求更警觉。

(三) 社会关系网络

个人社会关系网络的深度和广度影响着机会识别。建立了大量社会与专家联系网络的人，比那些拥有少量网络的人容易得到更多机会和创意。一项针对65家初创企业的调查显示，一半的创业者说，他们通过社会联系得到了他们的商业创意。一项类似的研究考察了独立创业者（独自识别出商业创意的创业者）与网络型创业者（通过社会联系识别创意的创业者）之间的差别。研究人员发现，网络型创业者比独立创业者能识别出更多的机会，但他们不太可能把自己描述为特别警觉或有创造性的人。

(四) 创造性

创造性有助于产生新奇或有用的创意。从某种程度上讲，机会识别是一个创造的过程，在听到更多趣闻逸事的基础上，你会很容易看到创造性包含在许多产品、服务和业务的形成过程中。

飞机扫雪

任务二 创业项目的识别方法及过程

一、识别创业项目的常见方法

(一) 新眼光调查

注重二级调查：阅读某人的发现和出版的作品、利用互联网搜索数据、浏览寻找包括你所需要的信息的报纸文章等。

开展初级调查：通过与顾客、供应商、销售商交谈和采访他们，直接与这个世界互动，了解正在发生什么以及将要发生什么。

记录你的想法：瑞士最大的音像书籍公司的创始人说他有一本这样的笔记本，当记录到第200个想法时，坐下来回顾所有的想法，然后开办了自己的公司。

(二) 通过系统分析发现机会

实际上，绝大多数的机会都可以通过系统分析被发现。人们可以从企业的宏观环境（政治、法律、技术、人口等）和微观环境（顾客、竞争对手、供应商等）的变化中发现机会，借助市场调研，从环境变化中发现机会。比如SWOT分析法，这种优劣势分析法可以用来确定企业自身的竞争优势（Strength）、竞争劣势（Weakness）、机会

（Opportunity）和威胁（Threat），从而将公司的战略与公司内部资源和外部环境有机地结合起来。

（三）通过问题分析和顾客建议发现机会

问题分析一开始就要找出个人或组织的需求和他们面临的问题，这些需求和问题可能很明确，也可能很含蓄。一个有效并有回报的解决方法对创业者来说是识别机会的基础。这个分析需要全面了解顾客的需求以及可能用来满足这些需求的手段。

一个新的机会可能会有顾客识别出来，因为他们知道自己究竟需要什么，然后顾客就会为创业者提供机会。顾客的建议多种多样，最简单的，他们会提出一些诸如"如果那样的话不是会很棒吗"这样的非正式建议，留意这些有助于创业者发现创业机会。

变速自行车的发明

（四）通过创造获得机会

通过创造获得机会这种方法在新技术行业中最为常见，它可能始于较为明确的市场需求，从而促进创业者积极探索相应的新技术和新知识，也可能始于一项新技术发明，进而促进创业者积极探索新技术的商业价值。

通过创造获得机会比其他任何方式的难度都大，风险也更高。同时，如果能够成功，其回报也更大。这种情况下所产生的创新在对人类有重大影响的创新中居于压倒性的主导地位。SN 公司开发的随身听就是一个很好的例子。SN 公司觉察到人们希望随身携带一个听音乐的设备，于是利用公司微缩技术的核心能力进行项目研究，最终开发出划时代的产品——随身听，并取得了巨大成功。

二、识别创业机会的一般过程

识别创业机会是思考和探索反复互动并将创意进行转变的过程。创业者初选创业项目时有以下几种方法可以参考。

（一）做你最擅长的事

俗话说："万事开头难。"西方也有一句俗语叫作："良好的开端等于成功的一半。"比尔·盖茨曾经说过："做你最擅长的事。"人们在做自己擅长的事时，自信心和勇气最强，因此成功率最高。

创业者最擅长的事，也就是最有可能干好的事。擅长，就是跟别人竞争时具有的优势。只有发挥自己的专长，成为专家才能和别人拉开距离，在竞争中脱颖而出。

（二）做你最喜欢的事

"知之者不如好之者，好之者不如乐之者。"只有在做自己喜欢的事时，人们才会废寝忘食、不知疲倦。这种乐在其中的感觉，会叫人乐此不疲，创业最需要的是创业者坚持不懈的热情和执着。爱迪生一天平均有十八个小时待在实验室里，当他的家人劝他休息时，他说："我没有在工作，我一直在玩。"所以，爱迪生的成功是因为他做了自己最喜欢做的事。

（三）做你最熟悉的事

在做同样生意的一群人里，如果只有一个人赚钱，那他一定是那个最熟悉该生意的人；同样在这个群体里，如果只有一个人赔钱，那他一定是那个最不谙此道的人。这就是民间商人常说的"不熟不做"的道理。"春江水暖鸭先知"，是因为鸭子经常在水里，它最熟悉一年四季的水温，所以在春天到来时，它会第一个感觉到。

（四）做你最有人脉关系的事

1. 合伙创业，团队作战

人们都说"一个好汉三个帮""孤木不成林"，创业成功，同样离不开他人的帮助。著名成功学大师卡耐基说过："成功依靠的是15%的专业知识和85%的人际关系。"反过来说，在人们最喜欢、最擅长、最熟悉的行业里，朋友也会越多，共同的爱好和志趣会使创业者在创业初期很快找到志同道合的新朋友，从而建立起对创业有利的人脉关系。

2. 善于用人，增加助力

"登高而招，臂非加长也，而见者远；顺风而呼，声非加疾也，而闻者彰……君子生非异也，善假于物也。"善假于物，就是善于利用其他人和物来整合现有的资源。合作就像一部机器，机器需要不同的零件。一个优秀的合作团队，不仅能够给创业者发挥能力创造良好的条件，而且会产生合作双方彼此都不曾拥有的新力量。

3. 整合资源，寻求共赢

现代企业管理中的领头人，已经不再是以前的个人英雄，而是一个团队合作的协调高手。创业成功既需要个人的努力，也需要搭建一个资源整合平台。在这个协调整合过程中，创业者需要把市场信息、人际关系和个人职业技能综合起来。如果这三项合起来，创业者感觉总分不错，就可以列为初选的创业项目。

（五）收购现有企业

收购是指用现款、股票、债券或其他资产购买一家公司的股票或资产，以获得对目标公司本身或其资产实际控制权的行为，被收购企业仍然保持其原有的独立法人资格。

1. 收购的优点

收购现有企业可以减少对企业基础的创建时间和开办成本，被收购企业往往在商誉、产品、客户、广告促销等方面具备一定条件，稍加改变就可以掌控。近年来很多创业者就是通过收购企业，使其扭亏为盈或者改变盈利模式而迅速完成资本积累的。这对于资金不足又期望快速拥有自己的企业的创业者来说，不失为一条捷径。

2. 收购的缺点

收购价值的评估是非常重要的环节，有时还需要做好企业报表审核、企业债券债务调查、销售业绩评估和无形资产价值估算。同时，有的企业原有的管理制度和企业结构不合理，收购后需要进行改造和重新设计，如果还是原来的员工，还需要对员工进行培训。

3. 收购的程序和关键点

一般来说，收购一家企业需要经过确认目标、考察评估、交易谈判、签订合同四个过程。关键点就在于收购前的调查与分析、对未来的预测、对被收购企业财产法律责任认定等。不要误收购有违法劣迹、债权债务不清的企业。总的来说，资金少却期望迅速创业的创业者收购现有企业是一个可行的方法。

（六）特许经营和加盟连锁企业

一般来说，特许经营和连锁经营是两种不同的营销模式。特许经营的核心是特许权的转让，需要特许人和受许人一对一签订特许合同而形成。特许经营是指签约后，受许人可有偿使用其名称、商标、专有技术、产品及运作管理经验等从事经营活动。经营的各个分店之间是独立的。连锁经营的核心是同意资本拥有，经营的是同类商品和服务，由同一个总部集中管理领导，总部对分店拥有所有权，对分店经营中的具体事务有决定权；分店需要上交总部一定的利润，分店经理实际上是总部的一员，完全按总部要求行事。

编二 走向创业之路

项目三 如何做好市场调研

引例

M饮品店的成长史

20世纪90年代末,一些大学附近出现各种各样的路边摊。M饮品店的创始人Z也经常跟同学出去打牙祭,但他们有一个苦恼,那就是大学附近的路边摊普遍是烧烤炸串,夏季没有解渴的刨冰可买。在其他同学抱怨的时候,Z就意识到这是一个商机。他在上大学时家里给过他3000块钱的应急经费,他就决定用这笔钱做生意。读大二的Z买来了一台刨冰机,在学校门口摆了一个名为"寒流刨冰"的小摊,在课余时间就去经营,他的刨冰摊迅速填补了学校附近冷饮市场的空白,生意每天都很红火。尚在校园的Z就这样轻松赚到了创业路上的第一桶金。

1999年,Z大学毕业。在毕业的当年,他就创立了自己的刨冰店,名字就叫M饮品店。当时Z的M饮品店卖的东西很杂,刨冰冷饮奶茶等产品统统都有,甚至在2003年还卖过家常菜和冰糖葫芦。不过这背后的原因其实比较尴尬,那就是Z一直没找好M饮品店的定位,才导致了所卖的商品又多又杂。不过在2004年,Z还是下定了决心专门做奶茶饮料和冰激凌,因为他发现这两种东西的经营效率是最高的,并且也比较受年轻群体的欢迎。就这样,M饮品店作为一个河南郑州的本地特色品牌,逐渐有了名气。

生意逐渐有了起色之后,Z就想扩大规模,开连锁店。起初Z的尝试还比较顺利,在郑州市内陆续开了几十家分店,生意也都不错,但等他尝试往其他城市扩张的时候遇到了空前的阻力。因为每个城市都有自己的特色饮品店,并且牢牢占住了本地市场,让外地品牌很难进入。Z如果想向全省乃至全国发展,就必须得想办法对付这些"地头蛇",他的办法很简单,那就是薄利多销。当时他为了让M饮品店顺利打开市外的市场,一度把冰激凌的价格降到过1块钱一支。

Z的降价策略成效显著,很快就在河南省内顺利铺开。在向省外扩张的时候,Z发现降价这招不管用了。当时的Z已经有了品牌意识,在和弟弟商量过后,他们暂定了两个方案,首先,走中低端路线这条路不能改。其次,要做好供应链,这样才有底气跟那些本土品牌进行竞争。为此,Z和弟弟在2013年跑遍了全国,造访了各地的水果、咖啡和牛奶生产商,谈下了很多合作,建立了一个辐射面积极大的供应系统。靠着这两招杀手锏,M饮品店很快就开始在全国各地开始经营了。

M饮品店一直靠性价比硬打出了一片天地,讲究的就是一个接地气,如今Z认为这样或许也能成为一种宣传优势。于是,在2018年,Z聘请设计师,给M饮品店设计出了雪王这一形象。相较于同行们的文艺范,雪王这个logo虽说有些土味,但也让人感到亲切。在这之后,Z乘胜追击,在2019年拍出了那条脍炙人口的广告片,他将童谣《哦,苏珊

57

娜》的旋律进行了填词，让其传唱大街小巷。这种朗朗上口的台词很快在网络上爆火，这也间接给 M 饮品店提供了大量的人气。

就这样，靠着接地气和"土味"，M 饮品店反而在宣传上胜过了那些看似文艺的对手们。如今 M 饮品店的年营收已达到 103 亿元，企业估值超过 500 亿元，已成为平价奶茶品牌的龙头。

案例来源：https://baijiahao.baidu.com/s?id=17676675951144481232&wfr=spider&for=pc

案例思考：
1. M 饮品店的市场定位是什么？
2. 案例中 M 饮品店分别做了哪些市场调研？
3. 你认为市场调研对 M 饮品店的发展起了哪些作用？

知识要点

如何做好市场调研
- 市场调研的介绍
  - 市场调研的含义
  - 市场调研的基本过程
- 市场调研的实施
  - 问卷调查
  - 访谈调查
  - 观察调查
  - 网络调查
  - 查阅调查

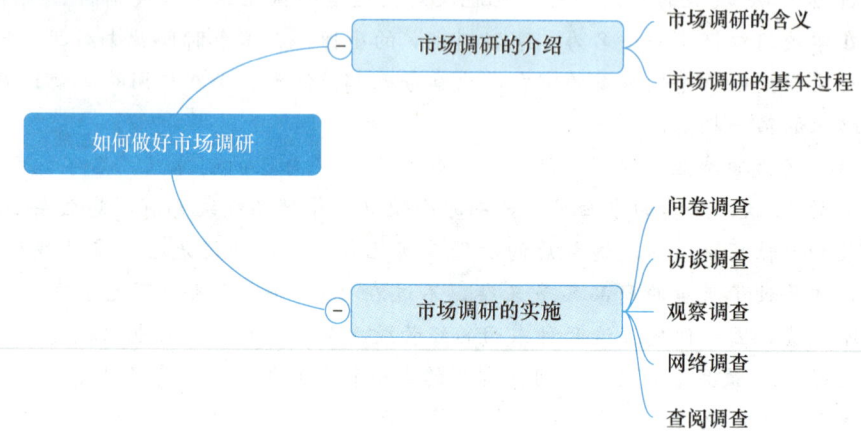

任务一　市场调研的介绍

一、市场调研的含义

市场调研是市场调查和市场研究的统称，它是个人或组织依据特定的决策问题而系统地设计、搜集、整理、记录、分析及研究市场各种信息资料、报告、调研结果的工作过程。市场调研是市场预测与经营决策过程中不可或缺的重要组成部分。

二、市场调研的基本过程

（一）确定调研目标

我们可以结合创业项目市场调研的作用和类型来确定调研目标，主要是指通过调查获得哪方面的信息。一个真实的创业项目，可能会有几十甚至上百个细节问题，其中很多都需要通过调研才能了解。比如，某项培训的收费，我们可能就需要了解培训对象的经济承受能力及市场上其他同类培训的收费状况。我们可以看出，基于创业项目商业计划的市场调研绝不仅是了解产品（或服务）的市场特征，而是要了解与创业项目成败相关的各个方面。比如，职员工资、办公场地等条件并不跟市场需求直接相关，但也存在调研的必要。从市场的本质角度来说，一个创业项目启动之后，它既是市场上一个新的"卖方"，也是市场上的一个"买方"。它需要从人才市场"买入"雇员，从房地产市场买入（或租用）办公场地，从商场买入办公必要的设备等，这些买入行为都是一种市场行为。因此，把这些都纳入市场调研的范畴是恰当的。从某种角度来看，基于创业项目商业计划的市场调研已经能够为创业项目的营销策划提供最基本的信息依据，但随着创业项目的具体实施以及市场状况的不断变化，我们可能还需要从营销的角度进行一些补充调查，这就是我们所说的基于营销策略进行的市场调研。换句话说，此类调研的对象主要集中于潜在的顾客范围内。例如，一个孕妇服装连锁品牌的创业项目，其基于营销策略制定的市场调研可能要了解如下问题：

- 人们对孕妇服装的功能有哪些要求？舒适、美观、品牌的重要程度分别是怎样的？
- 孕妇服装一般是由本人自己购买，还是由亲人代买？
- 目前人们一般去哪里买这类服装？
- 潜在顾客一般喜欢在哪些渠道接收信息？
- 哪些地方的潜在顾客密度较大？
- 人们能够接受的孕妇服装的价格范围是多少？

（二）制订调研计划

调研计划实际上就是为了完成调研目标所要进行的各种后续工作的指导性文件，其中应当对调研过程中可能遇到的各项问题加以规范。应当注意的一点是，调查方法的选择必须科学，调查对象的数量和分布必须科学合理。当然，可操作性也是制订调研计划必须遵循的一个基本原则。一般来说，对于一个创业者来说，他的计划中应当涉及如下问题。

- 需要租用多大的办公场地？
- 需要购置哪些办公设施？
- 雇员的基本工资是多少？
- 以哪种培训为主打业务？
- 主打业务的收费是多少？
- 自己购买教室还是租用？
- 某项培训的时间定在白天还是晚上？
- 如何进行业务宣传？

什么是好的提问

（三）调研准备

这里所指的调研准备包括两个方面：一方面是调研实施者的知识信息准备，也就是要准备与调研内容、调研方法相关的各种知识；另一方面是指针对具体调查方法的准备，比如针对问卷调查法的问卷设计，针对访谈法的访谈提纲拟定，针对观察法的观察记录表设计等。从调研内容来说，创业项目的市场调研所涉及的问题也更加广泛。创业者不仅要对创业企业作为"卖方"的相关市场问题进行调查，也要对创业企业作为"买方"的相关问题进行调查，这主要是由创业项目市场调研的目标所决定的。也就是说，创业项目的市调研，不仅是从营销角度的方面考虑问题，更要从全盘考虑整个项目的可行性。尽管创业项目的市场调研也应当像一般市场调研那样提前制订调研计划，但这种调研计划对后面调研实施的指导与规范作用明显要弱很多，许多难以预料的情况都可能会导致调研内容、调研方法和调研程序的调整。

（四）小范围调查

小范围调查并不是每一个创业项目市场调查都必须进行的环节，是否设置此环节可以根据实际情况而定。进行小范围调查的主要目的是考察调研计划和准备工作的充分程度并加以完善，以免因为计划和准备的失误带来经济损失、时间损失、精力损失和声誉损失。

任务二　市场调研的实施

调研的实施过程是整个调研的主体，在实施过程中，我们要结合调研项目以及现实情况，选择合适的调研方法进行调研。调研方法主要有：问卷调查、访谈调查、观察调查、网络调查、查阅调查等。我们只有结合各种调查方法的特点，针对不同情况选择不同的调查方法，才能得到最准确的信息，实现调研的最大价值。

一、问卷调查

（一）问卷的发放方法

1. 出版物附带问卷

出版物附带问卷，也就是在报纸、期刊等出版物上刊发问卷的内容，读者将问卷填写后反馈（一般是邮寄）给调查者的方式。这种方式的优点是覆盖面广、成本低、时间短，缺点是，一方面调查结果可能缺乏代表性，无法了解那些不是该报纸杂志的经常性读者的相关信息；另一方面，这种方式的问卷返回率很低。

2. 邮寄问卷

这种方式就是把印刷好的问卷邮寄给被调查者，被调查者填写后再邮寄给调查者。邮寄问卷同样具有覆盖面广的特点，并且可以通过选择邮寄对象而使调查对象代表性更强。与出版物附带一样，邮寄增加了被调查者的负担，问卷的回收率也很低。

3. 定向发送问卷

定向发送问卷也就是在确定调查对象之后，由调查者将问卷送到被调查者手中，填写完毕后再由调查者派人收回的方式。这种方式往往应用于调查对象相对集中的情况，明显的优点就是费用低、时间短、回收率高，缺点是调查对象之间可能互相交流，导致调查结果缺乏真实性，尤其是可能涉及个人隐私问题的调查，如果采用这种方式，调查结果可能与实际情况存在偏差。

4. 随机发送问卷

随机发送问卷就是由调查者在人口流动的地方，随机选择调查对象并当面填写问卷的方式。尽管这种方式基本上能够弥补前面几种方法的一些缺点，但是因为调查者可能会遭到当面拒绝，所以很多调查人员并不愿意采用这种方式。而且，这种方式动用的人力也会更多，会导致成本的增加。

（二）问卷调查的特点

1. 问卷调查是一种完全标准化的调查方式

每个被调查者接受调查的内容都完全一样，填写的都是同样一张问卷，而且被调查者基本上只能在调查者设定好的若干选项中选择与自己的观点或实际情况最为接近的，灵活发挥的余地相对有限。

2. 问卷调查基本上是一种静态的调查方式

调查者和被调查者同样基本上都是依赖于问卷中对相关问题的解释和描述，而且问卷仅仅经历从调查者到被调查者然后返回调查者这样一个过程，很少存在反复的多次互动沟通。即使被调查者对问卷中的某些地方存在疑问或有不同观点，往往也只能按照问卷中的思路和观点来填写。因为如果每个调查人员都对问卷中的问题进行自由解释，也就违背了问卷调查标准化的初衷。

3. 问卷调查是一种书面化的调查方式

调查者与被调查者都是通过书面文字或符号来表达和传递自己的观点的，基本上不进行语言沟通。实际上，这也是保证调查形式标准化的有效手段。如果采取语言描述和沟通的方式，那么在不同的调查者和被调查者之间可能会产生差异。

（三）问卷设计

一般的调查问卷当中大致包括四类问题。第一类问题是关于被调查者的一些基本信息，如年龄、性别、文化程度、职业、收入等；第二类问题主要是了解被调查者的一些行为和事实，如"您每天的上网时间是多少""您现在使用的是哪种品牌的手机"等；第三类问题是了解被调查者对某些事物的观点和态度，如"您购买商品会优先考虑哪些因素""您觉得小学生应不应该上网"等；第四类问题则是用来检验被调查者是否认真填写问卷的，如有人随意填写问题，应该作废该问卷。我们除了细致考虑问卷中包含的问题内容以外，针对问卷设计还要做到如下几个方面。

1. 问题的顺序排列要合理

在分类上，问卷问题一般可以按照基本信息类问题、行为与事实类问题、态度与观点类问题的顺序进行排列，检验类问题则穿插在其中。在某一类问题当中，问卷问题一般可以按照时间顺序、先易后难顺序、逻辑思维顺序来进行排列。

2. 对问题以及问题选择项的描述要清楚

一方面，要避免调查对象对问题理解不清，另一方面，不要出现相互之间难以区别的选项。

3. 问题的内容要符合实际情况

如果问题描述及选择项与实际情况不相符，不仅会影响调查的结果，甚至还会导致被调查者对问卷的问题视而不见，不认真填写。比如，在一项关于手机的调查中，在了解被调查者目前使用的手机品牌时，问卷中只给出了"摩托罗拉""诺基亚""爱立信"和"其他"4个选项，这显然与当前手机市场的现状不符，调查的结果会是"其他"这个选项占有非常大的比重。

4. 检验性问题的设置应当具有分散性和隐蔽性

如果检验性问题过于明显，那些没有被认真填写的问卷就可能通过检验，成为有效问卷，降低了调查结果的真实性和可信度。

5. 妥善处理隐私问题

应当尽量避免询问有关被调查者隐私的问题，如果问题内容必须涉及，应采取足够的保密措施。比如，一份问卷即使匿名，被调查者也会担心调查者在回收时可以按收取顺序对号入座，发现自己的隐私，这时如果采用一个密闭的投票箱来回收问卷，被调查者可能就会放心作答。

6. 避免提出诱导性问题

诱导性的问题虽然会得出令调查者满意的结果，但不一定能够反映真实有效的情况。比如，"你是否会购买一种对健康更加有益、口味更加宜人，并且包装精美、价格低廉的新型饮料"，这个问题就存在很强的诱导性。

（四）问卷调查过程中应当注意的问题

1. 尽量不要以摊派的方式发放问卷

虽然这种发放问卷的方式速度快、成本低、回收率高，但很可能会引发被调查对象的反感情绪，产生更多的无效问卷，甚至产生难以判断是否有效的敌意问卷。而且这种方式也可能导致调查的代表性降低。

2. 必须保证充足的调查数量

一般来说，调查者必须对问卷调查的结果进行统计和比较分析，如果没有足够的数据量做支撑，则可能导致分析结果出现偏差甚至错误。

3. 尽量采取能够提高被调查者积极性的措施

在很多情况下，调查活动可能会影响被调查者的工作（比如，针对出租车司机的调查），可能会遭到抵触或拒绝，这就需要调查者采取一些措施（比如，赠送小礼品）来提高他们参与调查的积极性。此外，某一阶层的被调查者可能对某些调查问题比较敏感，不愿意被调查，这时候也需要调查者采取一些措施加以鼓励。比如，一些低收入阶层可能会对消费类的调查不感兴趣。

二、访谈调查

所谓访谈调查，就是调查者与调查对象之间以谈话的方式进行信息传递的一种调查方式。

（一）访谈调查的类型

1. 从访谈的内容和程序设计上来看，访谈调查可分为标准化访谈和非标准化访谈

标准化访谈也可以称作结构性访谈，就是调查双方依照统一设计的、内容相对细致的访谈提纲进行信息交流。有时候连访谈地点、外部环境和记录格式可能也是统一的。这种方式的优点是有利于信息统计和对比分析，但可能会使访谈变得死板，无法激起调查者和调查对象的积极性，使访谈难以深入展开。非标准化访谈虽然也要按照一个访谈提纲进行，但这个提纲可能仅仅是一个指导访谈的基本框架，访谈的程序和内容可以更加灵活。这种方式一般能够获得很多标准化访谈难以得到的信息，因此调查的结果相对广泛、深入。当然，非标准化访谈有一个无法回避的缺点就是调查结果难以统计和进行定量分析。

2. 从访谈中调查者与被调查者的数量区分，访谈调查可分为单个访谈和小组访谈

单个访谈是指被调查者只有一个，而调查者可以是任意数目。当然，调查者一般情况下是一个到两个，如果人数太多，访谈通常也无法进行。小组访谈则是调查者和被调查者通过小组讨论的形式来进行调查，一般被调查者有多个，调查者的数量也不限，可以是一个，也可以是多个。有时，人们也把这种调查方式独立于访谈调查。一般在对复杂困难问题进行调查时使用这种方式，即使某一个被调查者无法提供全部准确的信息，但多个被调查者相互提示和补充，就可能得到比较全面的信息。

3. 从被调查对象的特点区分，访谈调查可分为请教式访谈与沟通式访谈

一般来说，请教式访谈是指对与创业项目相关的专业人士的访谈，目的是让调查者了解更多不清楚的知识和信息，不是为了统计分析，而是具有较强的请教性质。沟通式访谈是指针对普通调查对象（一般是潜在顾客）的访谈。这种访谈的目的更多的是进行统计分析、了解被调查者之间的差异情况以及差异分布的比例等。

4. 从访谈的方式角度区分，访谈调查可分为直接访谈和间接访谈

直接访谈是调查者和被调查者面对面进行的访谈，间接访谈则是双方通过某种媒介（目前一般是电话）所进行的交谈。间接访谈一般来说时间快、成本低，但往往只能进行一些简单问题的调查，难以深入阐述，而直接访谈可以做到这一点。

（二）访谈调查的特点

访谈调查的特点与前面介绍的问卷调查恰好相反，也就是说，访谈调查是一种非完全标准化的、非书面的、动态的调查方式。访谈调查对于那些难以完全标准化的，无法列出所有可能情况的选项的调查内容，以及某些非选择性的调查内容，是一种十分有效的方式。

（三）访谈调查中应当注意的问题

1. 对象以及语言、时间、地点的选择

在保证调查对象分布合理的同时，我们应尽量以易懂的语言表达，并在时间和地点的选择上应当尽可能地让被调查者感到放松。

2. 提问、追问、引导和聆听的技巧

首先，提问的内容和方式既要让被调查者理解、又要尽可能获得必要的信息。提问应当尽量通俗，不用生僻难懂的专业术语，否则容易引起被调查者的反感和不配合。同时，我们也可以通过语言（比如"对""有道理"等），或者动作（比如点头等）来激励和引导被调查者的谈话内容和深度。在必要的情况下，我们还应当进行适度追问，以深究问题的根源。

3. 观察和记录的技巧

首先，记录的内容不仅包括被调查者的语言，还包括他们的行为和态度，因此，我们不但要提问和验证，还必须进行细致入微的观察以做到正确地记录。其次，记录不能过于简单。很多调查者记录不够详细，觉得对自己做的访谈应该很熟，记录能起到提示作用就可以了，但在经过一段时间以后，他们往往就难以通过回忆记起访谈所得到的全部信息了。

4. 避免偏见的影响

访谈调查的结果实际上是反映调查者的记录，而这个记录不一定完全是被调查者的情况和观点的真实反映，尤其是在调查者对被调查者存在偏见时，这种偏差就更大。比如，当你发现你随机采访的一个人说话口齿不清或者存在某些你不喜欢的行为习惯时，你是否会在访谈记录中贬低他的实际情况和观点呢？这些都是需要考虑的。

三、观察调查

观察调查就是调查者通过自身的感觉器官或者适当的仪器设备对被调查者进行观察和测量的调查方法。

（一）观察调查的类型

1. 从观察的持续时间来说，可以分为连续观察调查和片刻观察调查

连续观察调查可以称为跟踪观察调查，就是要在一段时间内对调查对象进行调查，进行连续的观察和测定。比如，对一个感冒患者的服药次数的调查，我们就需要从该患者患病并开始服药一直观察到感冒痊愈，记录其一共服药的次数、每次的数量以及药品的名称等。我们在对大量患者进行调查之后就可以得出一些相关的结论。片刻观察调查则是确认调查对象具备某一特征就可以停止对此调查对象的观察。比如，一项针对旧居民小区物业服务的调查，调查者可能需要了解一个地区到底有多少还没有物业管理的小区，他们只要

观察到一个小区是否已经存在物业管理以及该小区的规模就可以结束对该小区的调查了。当然，进一步的调查可能还要采取其他一些调查方式配合进行。

2. 根据调查者是否参与到被调查的活动当中，可以分为参与式的观察调查和非参与式的观察调查

参与式观察调查是调查者参与到活动当中的调查方式，这样可以增加与其他被调查者之间的沟通和了解，增强调查效果。比如，为推广一个新的网络游戏进行的调查，调查者可能要观察目前已经存在的一些网络游戏玩家的行为，那么他就必须自己去体验网络游戏的感觉，把自己也当作一个调查对象。非参与式观察调查就是调查者不需要参与其中的观察调查。这种调查方式一般用于比较简单的观察调查，经常用于计数性质的观察调查，如观察某一路段的汽车流量或人流量等。

3. 从调查者是否知道自己被调查的角度，可以分为知情的观察调查和不知情的观察调查

不知情的观察调查一般又可以称为自然观察调查，也就是被调查的对象及其行为和特征都是其正常表现，具有真实性。知情的观察调查中最常见的就是实验观察调查。比如，为了了解当前的网络生存环境，我们就需要找几个人参加一项网络生存试验，并观察这些人在试验过程当中的行为特征。在商业调查当中，知情的观察调查相对较少，因为这样可能会导致被调查者出现异常行为而影响调查结果的真实性。

4. 观察调查还有直接观察和间接观察之分

顾名思义，直接观察就是在某一现象或活动的进行过程中进行的观察，或者是对调查对象的某些行为和特征进行的同步观察。间接观察则是通过一些媒介来验证调查对象的某些行为特征，最典型的间接观察就是"垃圾学"。所谓"垃圾学"，就是指市场调查人员通过对家庭垃圾的观察与记录，收集家庭消费资料的调查方法。这种调查方法的特点是调查人员并不直接对住户进行调查，而是通过察看住户所处理的垃圾，对其家庭物资消费情况进行的调查。美国亚利桑那州立大学的几位社会学教授曾用"垃圾学"的方法，调查土克桑市居民的食品消费情况。调查结果表明：土克桑市的居民每年浪费掉 9 500 吨食品；低收入家庭比高收入家庭更能合理地安排食品消费；所有的家庭都减少对高脂肪、高蛋白食品的消费，但对方便食品的消费有增无减。这项由政府资助的项目得到了有关方面的高度重视，它对调查美国居民的食品消费提供了样本和数据。

（二）观察调查的特点

与问卷调查和访谈调查相比，观察调查具有如下两个明显的特点。

1. 观察调查是一种不需要沟通的调查

这也是观察调查与其他调查方式最根本的区别，甚至在大多数情况下，被调查者根本就不知道自己已成为调查的对象。这一特征使观察调查能够得到更加真实的信息，同时调查的结果可能会受到调查者的个人能力和主观因素的影响。

2. 调查对象不仅限于人

观察调查的对象既可以是人，也可以是各种事物或现象，这就使观察调查的适用范围更加广泛了。

（三）观察调查应当注意的问题

1. 选择适当的观察时间、地点和环境

比如，针对某一道路下班时间的车流量的调查，我们就必须考虑周末与平时、上下班时间与非上下班时间的区别等。再如一项了解人们对净菜业务的实验调查，在选择实验地点的时候，我们就要考虑周边居民的收入状况。

2. 有效的观察记录

一般的观察都要提前制作完善的记录表格，这样一方面可以提高观察的完善程度，另一方面也便于对观察结果进行统计分析。否则，观察者就可能会手忙脚乱，依据不全面的观察结果可能会形成错误的结论。

3. 尽量避免对观察对象的人为干扰

在很多情况下，选择观察调查的原因就是要避免调查者在知情后出现异常行为，所以在观察过程中避免对观察对象的干扰是很重要的。比如，一个"儿童喜欢什么样的玩具"的实验，某调查者把几种不同风格的玩具放在小朋友面前，让每人选择一个自己喜欢的玩具并且只能选一个，然后这个玩具就归这个小朋友了。结果自然每个小朋友都会做出选择，实际上，可能有的小朋友不喜欢其中的任何一个玩具。

4. 安排高素质的调查人员

由于观察调查主要是依赖于调查者的观察和记录，所以对观察者的知识、能力和品德都有较高的要求。观察者能力的不足或者记录中所体现的主观偏见都会严重影响调查的结果。

四、网络调查

这里所说的网络调查，实际上就是基于网络的市场调查，或者说是以网络为信息传递媒介的市场调查方式。由于强调的是网络的信息传递作用，或者说是沟通媒介的作用，所以这里所说的网络调查的范畴当中并不包括在互联网上进行信息检索的调查方式。我们把这种互联网检索方式归入后面的"查阅调查"当中，这里不再进行更详细的介绍。

（一）网络调查的类型

1. 电子邮件调查

电子邮件调查就是通过电子邮件的方式把调查者需要了解的信息（一般是以调查问卷的方式）传递给被调查者，然后由被调查者填写完毕后再以电子邮件的方式发给调查者的调查方式。与传统的邮寄方式相比，这种依靠电子邮件的调查方式成本更低，被调查者需要花费的时间和精力也更少，并且调查的范围也更广泛，数量也可以在成本基本不变的情况下增加很多。但是，这种调查方式同样也面临着三个非常棘手的问题。首先，被调查者的抵触心理。因为到目前为止，多数人还是觉得电子邮件没有传统邮件那样正式，所以回复的概率可能比传统的邮寄问卷要低。其次，对被调查者难以选择，可能回复的人当中有

很多是不符合条件的被调查者，结果导致无效问卷大增。最后，安全性也是一个重要的影响因素。出于安全性的考虑，许多人并不阅读那些陌生的电子邮件，而是选择直接删除，这也在一定程度上影响了电子邮件调查的应用。也正是由于这些原因，目前电子邮件调查的方式并没有被太多人使用。

2. 网页问卷调查

网页问卷调查也就是把调查问卷发布在某个网站上的调查方式。网站的浏览者可以以点击的方式很方便地填写好问卷，而且很多调查问题在你填写完毕并确认之后，马上就会显示出到目前为止的调查结果统计，因此对潜在的被调查者具有一定的吸引力，尤其是在调查内容相对简单，设置的问题也比较少的情况下，被调查者可能只需要点击几下鼠标就能解决问题，因此这种调查方式的成功率相对较高。与电子邮件调查相比，虽然两者都是以互联网为传递问卷信息的媒介，但存在本质的区别。电子邮件调查是调查者通过网络把问卷送到被调查者手中，无论此人是否填写问卷，他都受到了打扰，甚至可能造成更坏的影响（如问卷携带病毒）。网页问卷调查则不同，它是网络浏览者（或者说是潜在的被调查者）通过互联网到达某个网站并看到问卷，如果他不准备填写问卷，那么就不会给他造成什么影响。随着网络技术的更新和网络基础设施的大量建设，网络世界已经在一定程度上成为现实世界的映象，但由于目前上网的多是年轻人，所以网络世界中的"居民"并不能完全真实地代表现实社会中的全部公众，而对于一个网站来说，其浏览者的代表性可能就更差了。因此，通过某个网站中的一个网页问卷获得的调查结果往往也存在代表性差的问题。

3. 注册信息调查

一个互联网使用者可能经常会遇到这样的情况：如果你想拥有一个电子邮箱，就必须填写一份申请，其中包括一些你的个人信息；如果你想在某个论坛上发表言论，就必须成为该论坛的会员，申请会员的过程也要求提供相应的个人信息；如果你想使用某网站上一些有价值的资料，也必须成为该网站的会员并提供个人信息。上述这些互联网使用者的个人信息，往往也会成为调查人员的宝库，从中可能会发现或提炼出他们所需要的东西。一个专业性很强的网站或者论坛可以发现对此感兴趣的人的性别比例、年龄分布、学历分布等。

比较上述三种网络调查类型可以看出，注册信息调查具有明显的强制性，电子邮件调查具有半强制性，网页问卷调查则是相对自由的。

4. 其他网络调查

对于那些保密性不强的创业项目，我们也可以利用互联网当中的相关论坛来进行一些非标准化（非问卷）性质的讨论性调查。也就是把创业设想发表在论坛当中，由网友们来对设想的可行性进行讨论。此外，我们也可以通过一些网络活动获得对创业项目有益的市场信息。由于网络世界与现实社会的差异，我们在网络调查时可能会出现一些特殊问题，只有重视和解决这些问题，才能更好地发挥互联网的高效率和低成本优势。

（二）网络调查应当注意的问题

1. 重视调查对象的选择

虽然网络调查在选择调查对象方面存在先天性不足，但并不意味着就应当放弃选择调查对象的权利。实际上，我们仍然可以通过一些恰当措施来提高调查对象的针对性和代表性。比如，网页问卷调查可以通过选择合适的网站来解决调查对象的代表性问题。

2. 强化对信息的验证

到目前为止，从操作层面（非技术层面）来说，网络行为的可监督性仍然不如现实社会中人类行为的可监督性，这就使网民在不违反国家法律的前提下可能会更加随意地进行各种活动，也就使他们提供虚假信息的可能性大大增加。因此，我们必须强化信息的验证工作，有效地剔除那些具有不真实信息的问卷。当然，网络社会中很多现象的强制性或引诱性（如填写问卷可以获得积分）引发网民对调查的反感也是他们提供虚假信息或重复信息的一个重要原因。

3. 防止恶意攻击

恶意攻击就是指一些电脑黑客对调查活动所进行的技术上的攻击或破坏。因此，我们进行网络调查必须有足够的技术支持。曾经有一个以投票方式进行的网络调查，希望借此了解人们对某一项业务的赞同程度，结果一个想证明自己技术水平的电脑黑客编制了一个"自动投票器"，每隔一分钟进行一次投票，这就严重影响了调查结果的真实性。

五、查阅调查

查阅调查也称为文献调查或者二手调查，是指通过查阅文献资料来获得相关信息的调查方式。也就是说，查阅调查获得的信息并不是直接来源于被调查者，而是来源于文献资料，或者说是来源于其他的调查者。前面我们所介绍的四种调查方法，都是直接从调查对象那里获得信息的，因此这些方法也可以统称为第一手调查法。

（一）查阅调查的特点

1. 成本低

查阅调查并不存在真正的实地调查过程，因此调查成本主要是文献查阅的成本和文献购买的成本。与一手直接调查相比较，查阅调查所动用的人力、物力要少得多。

2. 时空跨度大

调查的主要工作就是信息查阅，因此查阅历史资料和现实资料在难度上没有太大的区别，在地域跨度（如国内外）上也是如此。然而，查阅调查更便于调查历史数据和信息，尤其是那些已经无法通过直接调查再获得的信息。

3. 速度快

因为不存在实地调查的过程，所以查阅调查的主要时间就花费在相关文献资料的寻找过程当中。随着检索工具的不断完善，尤其是电子化、网络化检索工具的出现，查找文献的速度已经越来越快。

（二）基本方式和常见渠道

查阅调查最基本的方式就是检索，这也是应对越来越纷繁复杂的文献资料最有效的方式。人们在检索的基础上获得二手信息的常见渠道有如下几种类型。

1. 统计年鉴类

包括国家统计年鉴、地方统计年鉴、行业统计年鉴，甚至一些年度的统计性资料，如人口普查资料等。虽然便于获得，但这些文献资料所提供的数据一般都比较宏观，人们可能需要采用其他方法或通过其他渠道获得更细致的信息。

2. 他人的调研报告

在有些情况下，有的调查主体（如一些商业性的调研机构）可能已经进行过类似的调研，这样人们就可以通过购买等方式得到系统的信息。有时这些调查主体具有很强的专业性，他们的调查报告可能比自己调查的结果更加全面深刻。

3. 专业性的报纸杂志

我们从一些与创业项目相关（或者与创业相关）的报纸杂志当中往往也可以获得与创业项目相关的市场信息和技术信息，而且这些信息的提供者都具有一定的权威性，因此这也是一个很好的查阅渠道。

4. 互联网

随着互联网的发展以及专业化搜索引擎的大量出现，互联网已经成为市场调查的一个重要渠道。通过在搜索引擎中输入适当的关键词，人们可以获得很多与第一手资料类似的真实信息。比如，一个准备从事玩具出租业务的创业者，他通过互联网可以很容易了解目前玩具的种类、价格，甚至供货厂家和现实竞争者的基本信息，甚至通过互联网检索就会发现已经有人在做，并且已经具有相当规模。

项目四　商业计划书撰写

引例

免费软件究竟怎么赚钱

2006年7月，X安全卫士正式上线，推动了中国个人电脑的安全软件普及率接近100%，这与X公司所倡导的"免费安全"理念是分不开的。X公司用"免费安全"开启了中国互联网一场前所未有的革命。

X公司问世之前，因为不赚钱，杀毒软件厂商既没有动力查杀流氓软件，也没有动力为用户电脑系统打补丁修漏洞，X公司凭借着强大的安全能力、简单易用的特性，免费向所有的网民提供杀毒软件。目前，免费杀毒已经成为市场主流，按照每套杀毒软件每年100元计算，X公司为全国4亿用户每年节省了400亿元的支出。但是，很多用户享受着免费安全服务，心里却在问一个问题：俗话说，天下没有免费的午餐，X公司啥都免费，靠什么赚钱？

其实，这正是互联网免费的奇迹。搜索引擎是免费的，但是可以通过向企业销售广告来赚钱，聊天软件是免费的，但是可以通过吸引一些游戏玩家来赚钱，X公司杀毒软件是免费的，但X公司通过安全浏览器可以获取来自广告、电商和游戏公司等方面的规模化收入。

很多人认为X公司本来是做杀毒软件的，现在做电商、游戏，这不是不务正业吗？事实上，X公司专注于安全，致力于成为全球领先的互联网安全厂商。X公司不是做电商，不是做游戏，而是提供一个平台，让电商、游戏等合作伙伴在X公司的平台上给有需求的X公司用户提供增值服务。比方说，X公司软件就像一个大超市，各个厂家把自己的货摆放在超市里供用户挑选，X公司不向用户收费，而是从厂商的销售收入里分取一部分租金。

免费是一种商业模式上的创新。传统的商业模式，是用户需要付费购买安全厂商的安全软件。其结果是，杀毒软件的价格居高不下，只有少部分网民有意愿、有能力购买杀毒软件。绝大多数网民的电脑要么安装盗版杀毒软件，要么什么也不装，电脑不仅变得卡、慢、崩，而且成为病毒、木马、钓鱼欺诈网站的乐园。X公司让全国用户一分钱不花就用上了正版的安全软件。有了免费的X公司杀毒软件，用户不再担心流氓软件的骚扰，不再惧怕病毒木马的侵袭，不再担心钓鱼欺诈网站的欺诈。有了免费杀毒软件，用户不再每隔半年重装一次系统了，电脑不再运行如牛了，上网购物不怕了，游戏装备不再被盗了。事实上，免费安装的X公司杀毒软件解决了之前互联网一直肆虐的安全难题。

案例思考：

1. X公司安全杀毒软件采用了怎样的商业模式？

2. X 公司的商业模式靠什么营利？
3. 你认为 X 公司的商业模式存在怎样的风险？

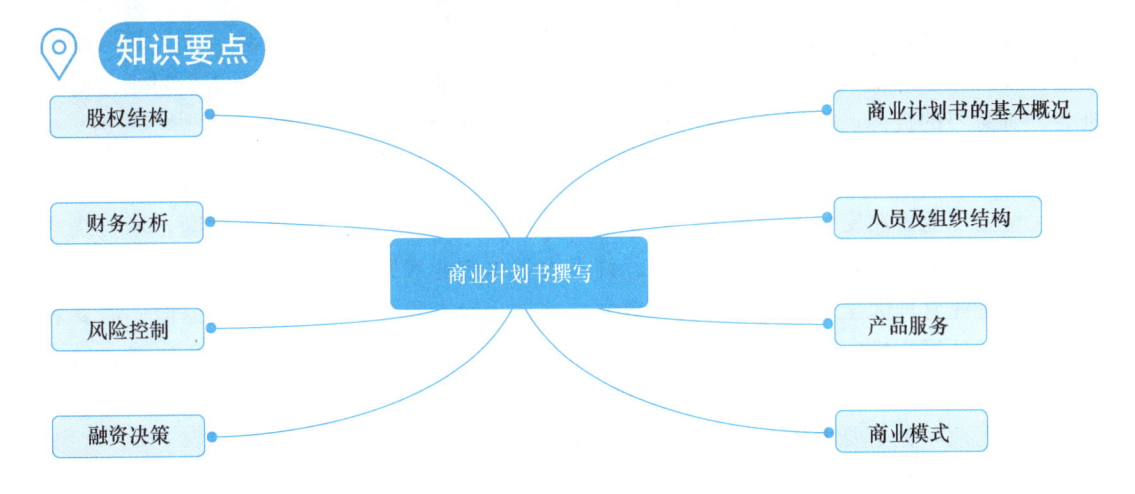

知识要点

- 股权结构
- 财务分析
- 风险控制
- 融资决策

商业计划书撰写

- 商业计划书的基本概况
- 人员及组织结构
- 产品服务
- 商业模式

任务一 商业计划书的基本概况

一、大学生创业计划书的概念

大学生创业计划书又称商业计划书，是大学生创业者就某一项具有市场前景的创业项目向潜在的投资者、供应商、合作伙伴等寻求合作支持或者投资款项的可行性商业报告。创业计划通常是结合了营销、财务、生产、人力资源等职能计划的综合内容，从企业内部的人员、制度、管理，以及企业的产品、营销、市场等各个方面对即将展开的项目进行可行性分析。详细准确的分析是创业者融资成功的重要因素之一。

创业计划书的格式具有一定的规范，我们在编写时需要遵循一定标准的文本格式；内容上需要全面介绍创业项目的发展前景，阐述产品或服务、目标市场、竞争、风险、投入产出及融资等相关内容。总的来说，创业计划书主要回答创业者想要做什么、如何做，面向的目标客户是谁，市场状况、经营团队、营销安排、财务分析，以及退出机制等一系列问题。创业者必须非常清楚地了解这些问题。创业计划书的编写实际上就是对这些问题做出系统性的回答，帮助创业者整理思路。

尽管创业计划书的格式有一定的要求，但是其内容和形式不尽相同，不管外在的东西怎么千变万化，其本质都是对创业者提出的创业思想进行分析和论证。

什么是TRIZ

二、大学生创业计划书的基本要求

创业者要依靠创业计划书来获取投资者的投资或者国家有关部门的贷款。在制定创业计划书之前，创业者一定要了解创业计划书写作的基本要求，避免犯低级错误，并在此基础上把创业计划书做得更加出色。

(一)内容准确,条理清晰

大学生制定创业计划书时,要向投资者全面介绍创业公司的详细情况,无论是优势还是劣势都要讲到位,体现出与投资者合作的诚意,隐瞒实情、过分乐观甚至夸大其词往往会适得其反。在制定创业计划书之前,大学生创业者要能够清晰地解释这几个问题:商业机会、所需要的资源、把握这一机会的进程、风险和预期回报。

(二)简明扼要,通俗易懂

大学生创业者制定创业计划书时,要注重简洁,最好开门见山,直奔主题,不要绕弯子,要让投资者觉得每一句都不是废话。许多大学生创业者常犯的毛病是把创业计划书写得像一部企业管理大全或者文字优美的散文,这样会没有重点。除了简洁,他们还需要对创业计划书的语言进行锤炼,一方面创业计划书应该力求语言生动,能说服投资者;另一方面要让读者容易理解里面的内容,尽量避免使用过多的专业词汇。创业计划书不要太长,显得冗杂,也不要太短,显得空洞,以30—50页为宜。

(三)强调可信性

创业计划书描述的前景可能很动人,但要真正打动投资者还要让他确信这幅图景是可实现的,要做到这一点,大学生创业者需要在撰写创业计划书之前进行充分的市场调研,了解顾客、竞争对手、市场前景等问题,并在调研数据的基础上进行财务分析,说明企业将获得的收益。在创业计划书中数据越充分、越用实,就越容易让投资者相信预测是可信的。

投资公司认可的创业计划书要素包括:

(1)企业简介:公司的名称、产品或服务等;
(2)业务模式:企业的主要产品或服务的优劣势;
(3)市场分析:行业发展状况,新创公司的目标市场等;
(4)管理队伍:公司的组织架构、创业人员、各人员职责等;
(5)财务数据:投入成本核算、融资需求预测等。

三、大学生创业计划书的类型

创业者编写创业计划书的目的主要有两个:一是创业者可以通过创业计划书厘清创业思路;二是大学生可以利用创业计划书获得投资者的资金支持。这两个目的可以概括为内用和外用,根据这两个不同的目的,创业计划书的主要形式大概可以分为获取外部资金型创业计划书、争取政府支持型创业计划书、概括式创业计划书和详细的创业计划书。其中前两种类型侧重于外用,后两者主要侧重于给创业团队使用(内用)。

(一)获取外部资金型创业计划书

这种类型的创业计划书主要为融资使用。获取外部资金包括权益资金和债务资金,这种类型的创业计划书是普遍适用的,尤其是对大学生创业者来说,这类创业计划书通常要求较高,包含以下内容:执行概要、公司概述、市场分析、产品或服务介绍、管理团队、生产计划、营销计划、财务预测、融资计划和风险分析等。

(二）争取政府支持型创业计划书

政府为鼓励大学生创业，制定了很多优惠政策。大学生创业者为获取相应的政策支持，有时会将创业计划书呈交给政府部门。这种类型的创业计划书也包括前面我们提到的内容，只是重点会有所不同。这类创业计划书通常包括总论、创业团队、市场需求预测、可行性分析、实施方案、投资估算与资金筹措、收益分析、风险分析，以及希望获得政府支持等内容。

（三）概括式创业计划书

概括式创业计划书比较简明，主要包括拟创企业相关的重要信息以及相关的资料。类似于电影的剧情简介，一般用来申请银行贷款或者作为与投资商洽谈的样本，也作为创业思想的架构被创业团队内部使用。

（四）详细的创业计划书

这是与前面的概括式创业计划书对应的，其内容包括创业计划书的全部内容。在详细的创业计划书中，大学生创业者能够对整个创业思想做比较全面的阐述，尤其是对计划中的关键部分进行详细准确的论述。

四、大学生创业计划书的作用

创业计划书的主要作用是用来厘清创业思路和获取创业资本的，是大学生在进行创业时对发展路径及企业打算如何创造并实现价值的系统整理。总的来说，创业计划书对投资者、大学生创业者和创业企业的员工都有重要的作用。

（一）对投资者的作用

对投资者的作用是创业计划书最主要的作用。大学生要靠创业计划书获得投资或者申请银行贷款。投资者投资的目的在于获取投资带来的收益，因此其对于投资项目的选择也是十分谨慎而苛刻的。投资者的时间和精力都有限，对于投资项目，他们不能身体力行地去考察，因此大学生创业者在融资时需要认真做好创业计划书，并做出清楚的相关说明。首先，风险投资者在投资之前要向创业者索要创业计划书，判断这个项目是否与自己的投资兴趣相吻合，然后决定是否与创业者进行下一步的沟通或投资。其次，风险投资者迫切地需要了解被投资产品或项目的投资回报情况和投资收益、回收周期是否可行，以了解风险投资的可行性。最后，创业计划书是创业者向潜在投资者、供应商、合作伙伴展示新创企业机制的重要书面文件，它不仅展示拟创企业的目标产品或服务等，也展示创业团队的能力、信心、创业思想等，有助于吸引志同道合的合伙人、股东。因此，创业计划书对于大学生创业者获取外部资金来说是非常重要的工具。

（二）对大学生创业者的作用

创业计划书不仅是大学生创业者的融资工具，而且制定创业计划书还可以帮助大学生创业者系统地梳理创业思路，全面地掌握拟创企业的实际情况，发现拟创企业的优势和劣势，提早进行风险预警。首先，创业计划书是一个从抽象到具体的过程。许多创业设想在最初构思阶段是比较空泛的，经过具体的创业计划制作过程，创业者把整个计划全面、具体地展示出来，成为一个系统的、可行的方案，这个方案就是创业计划书，其可以作为评估创业项目和创业实施过程的一个参考工具。其次，创业计划书是创业行为的方向盘。在一定时间内，创业计划书为创业行动提供原则和行动指导。根据所制订的创业计划，创业者可以确定在创业过程中先做什么，后做什么，保证创业过程顺利进行。最后，创业计划书也是一份内部文件，能帮助创业者明确创业目标和商业模式。好的创业计划书，不仅会给出项目的可行性分析，而且会提出完成项目所要采取的措施。具体而言，创业计划书会指引大学生仔细思考以下问题。

（1）你了解或熟悉这个项目吗？
（2）你了解项目的市场并有了进入和拓展市场的方案吗？
（3）你和你的创业团队有能力做好这个项目吗？
（4）项目的投资与投资回报是你和投资者期望的吗？
（5）有哪些风险存在？

（三）对创业企业员工的作用

创业计划书在创业早期起到类似"灯塔"的作用，它不仅是大学生创业者描绘的未来蓝图，也是企业今后的奋斗目标，也可以说是拟创企业的共同愿景。对于任何企业来说，无论它的未来多么美好，目标多么诱人，最终都要通过企业全体成员的共同努力来实现。由此可见，良好的创业计划书可以增强企业的凝聚力和向心力，使企业员工充分理解并认同新创企业的共同愿景，有信心并努力为之奋斗。只有这样，创业者制定的目标才能实现。

五、创业计划书常见误区及应对措施

（一）市场情况阐述模糊应对措施

（1）从最有可能打动读者的部分开始，写明你对此项目的市场预期，以及你的目标客户、目标市场和在创业初期必将遇到的竞争对手等问题，并且列出你的应对措施。
（2）大多数投资商认为，在创业中取得成功的秘诀就是要找到并开拓一个足够大的市场。
（3）一般情况下，应给出市场需求的肯定描述。
（4）市场调研十分重要。给出的数据要做注释，权威数据应该给出来源以增加可信度。
（5）尽量避免使用一些诸如"前景乐观""潜力巨大"等形容词来描述未来市场，而应该对市场调研的数据结果进行详细分析。

（二）缺少对竞争者和竞争形势的详细分析

如果没有做好这部分调研分析，就会使创业者对自己的产品或服务盲目自信，对市场预期超过实际需求，导致产品一上市就遭受冷遇。

应对措施：创业者在进入某个领域和市场前，必须要"谋定而后动"，做好如下分析。
（1）找到潜在客户群；
（2）对竞争者进行必要的分析；

(3) 分析本行业在其生命周期的哪个阶段。

（三）缺少对不确定因素的分析和应对措施的分析

从开始选择项目、选择组建团队、制定规划和目标、融资和取得经营执照到正式开业，这期间时刻存在着不确定因素，只有你事先预料到风险，制定了应对策略，才会在创业路上少走弯路。

应对措施：创业者应主动向行业里成功经营的企业家或创业导师咨询，请他们帮助分析创业计划书并予以指导，但是专家和导师的意见也只能供创业者参考，不能代替创业者决策。

（四）财务数据预估的数字缺少依据

凡是出现在计划书财务报表中的数字都应该是有依据的，或者是有相关资料参考预估的，不能凭空想象就写上去，要经得住推敲，经得住基金会、投资商、银行家的追问，他们经常会问到这些数字是怎么来的。

应对措施：最需要说明白的数字如下。

(1) 第一年期望的营业额是多少？
(2) 第一年期望的净收益是多少？
(3) 第一年将会偿还多少贷款？
(4) 需要多久可以完全偿还贷款？
(5) 计算总投资额、盈亏平衡点、保本销量、投资回收期，这些数据对投资商非常重要。

（五）创业团队要均衡

有些团队是由同学组成的，因此在性格、专业，甚至性别上都一样，这样的团队是不均衡的。因为创业者需要互补，需要有人在决策时提出不同的意见，往往太相似的人看问题的视角也类似，应该避免这种情况的发生。

应对措施：团队成员在专业、性格、经验、经历，甚至性别上要力求互补，不要都是由同一个专业的人员组成，这样不利于人岗匹配和协同作战。

任务二　人员及组织结构

企业管理的好坏，直接决定了企业经营风险的大小，高素质的管理人员和良好的组织结构是管理好企业的重要保证。因此，风险投资家会特别注重对管理团队的评估。

企业的管理人员应该是互补型的，而且具有团队精神。一个企业必须具备负责产品设计与开发、市场营销、生产作业管理、企业理财等各方面的专门人才。商业计划书中必须对主要管理人员加以介绍，介绍他们过去的详细经历及背景、所具有的能力，以及在本企业中的职务和责任。

此外，商业计划书中还应对公司结构做简单介绍，包括公司的组织结构；各部门的功能与责任；各部门的负责人及主要成员；公司的股东名单，包括股权、比例和特权；公司的董事会成员；各位董事的背景资料。

任务三　产品服务

产品和服务是商业计划书的核心内容，主要包括以下内容。
（1）产品或服务对终端客户的价值；
（2）产品或服务是通过什么技术或手段来实现的；
（3）公司将向消费者提供什么；
（4）消费者可得到的好处是什么；
（5）与市场已存在的产品或服务相比，该产品或服务有哪些优势。

创业者应对自己产品和服务性能各方面情况进行介绍，完成了这个基础工程之后，才能准确地介绍公司和商业概况。这种介绍应该洋溢着创业者的激情，以更好地展现商业前景。既要有理性的数据，又要有感性的召唤。加上数据的支持，简明扼要，因为切中要点的表达会让人过目不忘。

清晰描述了产品之后，创业者应将自己和竞争者的产品用图表方式直观地呈现出来，恰到好处地凸显公司的特别之处，并在与对手的竞争矩阵中选取两三个主要指标，就能发现自己公司在哪些方面与竞争对手存在巨大差异。通过对竞争者的产品以图表的形式呈现，创业者能够直观地看到未来有机会填补的市场缺口。

需要注意的是，产品介绍不能太细，有些创业者会把产品的交互图、流程图直接贴上来，会具体介绍产品有什么功能，这个功能怎么操作，但投资人想要了解的是产品怎么解决用户需求。

任务四　商业模式

一、商业模式基本式样

（一）非绑定式商业模式

约翰·哈格尔和马克·辛格提出了"非绑定式公司"的概念，他们认为企业是由具有不同经济驱动因素、竞争驱动因素和文化驱动因素等完全不同类型的业务组成的，可分为产品创新型业务、客户关系型业务、基础设施型业务。与此相似的，特里西和威斯玛建议企业应该注重以下三种价值信条之一：产品领先、亲近客户或卓越运营。

哈格尔和辛格阐述客户关系型业务职责是寻找和获取客户并与他们建立关系，产品新型业务的职责是开发新的和有吸引力的产品和服务，基础设施型业务的职责是构建和管理以支持大量重复性的工作。哈格尔和辛格认为企业应该分离这三种业务，因为每一种业务类型都是由不同的因素所驱动的，在同一组织中，这些业务类型可能彼此之间冲突，或者可能产生不利的权衡妥协。

表 4-4-1　"非绑定式"商业模式画布

客户关系业务模块

重要伙伴	关键业务	价值主张	客户关系	客户细分
从第三方获得产品、服务创新和基础设施	获得和保留客户	高度的服务导向	亲密的个人关系；客户的获得和保留	客户为中心
	核心资源 核心资源是客户群体基数以及长时间积累的已获得的客户信任度		分销渠道 强有力的渠道	
成本结构 客户获取和保有成本占了主要部分		收入来源 大规模的客户份额产生的收入		

产品创新模块

重要伙伴	关键业务	价值主张	客户关系	客户细分
	利用研发为市场带来新产品和新服务	产品和服务创新		通过聚焦客户关系的 B2B 中间商交付
	核心资源 强有力的人力资本		分销渠道	
成本结构 研发人力成本		收入来源 高额溢价费		

基础设施管理模块

重要伙伴	关键业务	价值主张	客户关系	客户细分
	交付基础设施服务	基础设施服务		商业客户
	核心资源		分销渠道	

成本结构	收入来源
高额固定成本	大规模的低边际利润获得

（二）长尾式商业模式

长尾概念由克里斯·安德森提出，这个概念描述了媒体行业从面向大量用户销售少数拳头产品到销售庞大数量的利基产品的转变。每种利基产品都只产生很少的销售量，安德森描述了很多非经常销售产品所产生的销售总额等于甚至超过由拳头产品所产生的收入的案例。长尾模式需要低库存成本和强大的平台，并使利基产品对于兴趣买家来说容易获得。安德森认为正是以下三个经济触发因素在媒体行业引发了这种现象。

1. 生产工具的大众化

不断降低的技术成本使个人可以接触到在几年前还昂贵得吓人的工具。例如，若有兴趣，现在任何人都可以录制唱片、拍摄小电影或者设计简单的软件。

2. 分销渠道的大众化

互联网使数字化的内容发展成商品且能以极低的沟通成本和交易费用为利基产品开拓新市场。

3. 连接供需双方的投资成本不断下降

销售利基产品真正的挑战是找到感兴趣的潜在买家，现在强大的搜索和推荐引擎、用户评分和兴趣社区，已经让这些非常容易实现。

表 4-4-2　长尾式商业模式画布

重要伙伴	关键业务	价值主张	客户关系	客户细分
利基内容供应商（专业的，抑或用户自己生成的）	平台开发和维护；利基内容的获取和生产	提供宽泛非拳头产品；这些产品可以和拳头产品共存	互联网	利基客户
	核心资源		分销渠道	
	平台		互联网	

成本结构	收入来源
平台开发与维护	大量产品带来小额收入的集合；广告、销售或订阅

安德森的研究主要集中在媒体行业上，例如，他展示了在线视频租赁公司 N 公司是如何转向发放大量利基影片授权的。虽然每部利基影片被租赁的次数相对很少，但来自 N 公司的大量利基影片目录的累计收入却可以与大片电影的租赁收入相媲美。与此同时，安德森也证明了长尾理论在媒体行业以外的其他行业同样有效。在线拍卖网站 E 公司也是基于数量庞大的拍卖者交易小额非热点商品而成功的。

（三）多边平台式商业模式

多边平台被经济学家称为多边市场，是一个重要的商业现象，这种现象已经存在了很长时间。随着信息技术的发展，这种平台得以迅速兴起，它代表了一种日益重要的商业模式式样。它是将两个或者更多有明显区别但又相互依赖的客户群体集合在一起的平台。多边平台作为连接这些客户群体的中介来创造价值。例如，信用卡连接了商家和持卡人；计算机操作系统连接了硬件生产商、应用开发商和用户；报纸连接了读者和广告主；家用视频游戏机连接了游戏开发商和游戏玩家……其中的关键是多边平台必须能同时吸引和服务所有的客户群体并以此来创造价值。

多边平台对于某个特定用户群体的价值在本质上依赖于这个平台"其他边"的用户数量。一方面，如果有足够多的游戏，一款家用游戏机平台就能吸引足够多的玩家；另一方面，如果已经有足够的游戏玩家在玩游戏了，游戏开发商也会为新的视频游戏机开发（更多的）游戏。所以，多边平台经常会面临一个"先有鸡还是先有蛋"的左右为难的困境。尽管多边平台的运营商最主要的成本是运营费用，但是这些运营商经常会通过为一个群体提供低价甚至免费的服务来吸引这个群体，并依靠这个群体来吸引与之相联系的另一个群体。多边平台的运营商所面临的困难是选择哪个群体，以及以什么价格来吸引他们。

多边平台的运营商必须要考虑几个关键问题：我们能否为平台各边吸引到足够数量的客户？哪边（客户）对价格更加敏感？能够通过补贴吸引对价格敏感一边的用户吗？平台另一边是否可产生充足的收入来支付这些补贴？

表 4-4-3 多边平台式商业模式画布

重要伙伴	关键业务	价值主张	客户关系	客户细分
	平台管理；服务提供和平台推广	吸引用户群组；作为客户细分群里的媒介；在平台上通过渠道化的交易降低成本		多个客户细分群体
	核心资源		分销渠道	
	强有力的人力资本			
成本结构		收入来源		
平台开发与维护		一个或多个客户细分群体会享受免费提供物或通过来自其他客户群体的收入补贴来降低价格。选择哪边来补贴是关键的价格定价决策		

（四）免费式商业模式

免费式商业模式是指至少有一个庞大的客户细分群体可以享受持续的免费服务。免费服务可以来自多种模式，可以通过该商业模式的其他部分或其他客户细分群体，给非付费客户细分群体提供财务支持。接受免费的东西总是一个有吸引力的价值主张。任何销售商或经济学家都会认同在零价格点所引发的需求，会是一分钱或任何其他价格所引发需求的许多倍。问题是当企业系统性地提供某种产品和服务的时候，如何能获取可观的收入。部分答案是在企业生产某些赠品和服务的同时，成本已经大幅度降低了，例如，在线数据存储。然而要产生利润，机构团体在提供免费产品线服务的同时，必须以某种形式获得收入，有一些可以将免费产品或服务整合到可接受的商业模式中的式样。有些传统的免费商业模式式样已经广为人知，例如，广告就是基于前面提到的多边平台式样。有些商业模式式样，如所谓的免费增收式样，即提供免费的基础服务并通过增值服务收费，这种商业模式式样已经与日益增长的通过互联网提供的数字化产品和服务同步流行开来。之前讨论的长尾理论概念的提出者克里斯·安德森，让免费的概念获得了广泛的认可。安德森表示，新的免费产品或服务发展壮大，与数字产品和服务完全不同的各种经济现象有着密不可分的关系。例如，创作和录制一首歌需要耗费艺术家的时间和金钱，但是数字化复制并通过网络传播歌曲的成本几乎为零。因此，艺术家可以通过互联网向全球听众推广和传播音乐，只要他找到其他收入来源，如举办音乐会或广告推销来收回成本即可，乐队和艺术家们在免费音乐上已经有过成功的实践了。

每种商业模式式样都有不同的潜在经济特征，但是它们都有一个共同的特点：至少有一个客户细分群体持续从免费的产品或服务中受益。下面来看看如何让免费成为可行商业模式的三种不同商业模式式样。

1. 基于多边平台（基于广告）的式样

有了合适的产品或服务，还有巨大的流量，广告主就会对平台感兴趣。反过来，平台允许通过收费补贴免费产品和服务。主要成本涉及开发和维护平台的费用，可能也会出现流量生成和流量保持的成本，免费的产品或服务可以带来大量平台流量，同时可以增强对广告主的吸引力。

表 4-4-4　广告式样商业模式画布

重要伙伴	关键业务 平台开发与维护	价值主张 广告位； 产品或服务； 增加访问量	客户关系	客户细分 广告主； 客户
	核心资源 平台		分销渠道	
成本结构 平台开发与维护			收入来源 广告收入	

2. 带有可选收费服务（所谓的"免费增收"）的式样

在免费增收模式中，平台是最关键的资产，因为它允许以很低的边际成本提供免费的基础服务。这种式样的成本结构由三方面构成：大量的固定成本、极低的针对免费用户提供服务的边际成本和（单独的）针对增值账户的成本。免费增收的模式是以少量付费用户补贴大量免费服务用户为特征的，用户可以享受免费的基础服务，也可以为提供额外利益的增值服务付费。客户关系必须实现自动化和低成本，同时，能处理大量免费用户。

表 4-4-5　免费增收式样商业模式画布

重要伙伴	关键业务 平台开发与维护 核心资源 平台	价值主张 基础免费服务； 付费服务	客户关系 自动化的；大规模定制 分销渠道	客户细分 大规模的基础服务免费用户；小范围的付费用户
成本结构 固定成本 提供增值服务 提供免费服务成本				收入来源 免费基础服务带来的增值服务的收入

3. "诱钓"模式式样

"诱钓"指的是通过廉价的、有吸引力的甚至是免费的初始产品或服务，来促进相关产品或服务未来的重复购买的商业模式式样。这种模式也被称为"亏损特价品"或者"刀与刀片"模式，"亏损特价品"指的是最初补贴甚至亏本提供，目的是从客户后续购买的产品或服务中获得利润。

"诱钓"模式关注提供后续的产品和服务的交付。该模式通常需要强大的品牌。重要的成本结构元素包括初始产品的补贴和后续产品及服务的生产成本。该模式通过便宜甚至免费的"诱饵"吸引用户，并与（一次性的）后续产品和服务紧密联系。这种式样以在初始产品和后续产品之间的强连接为特征，客户被获得廉价或免费产品或服务的瞬间愉悦所吸引，起初的一次性消费很少或不产生收入，但通过重复性后续高利润产品或服务的购买可以产生收入。

（五）开放式商业模式

开放式创新和开放式商业模式是由切萨布鲁夫创造的两个术语。二者都是指将公司内部的研究流程对外部伙伴开放。他认为在一个以知识分散为特征的世界里，组织可以通过对外部知识、智力资产和产品的整合来创造更多价值，并能更好地利用自己的研究。此外，切萨布鲁夫还展示了闲置于企业内部的产品、技术、知识和智力资产，可以通过授权合资或分拆的方式向外部伙伴开放并变现。切萨布鲁夫区分了"由外到内"和"由内到外"两种创新模式。开放式商业模式可以用于将外部的创意引入公司内部，即"由外到内"，也可以是"由内到外"，将企业内部闲置的创意和资产提供给那些通过与外部伙伴系统合作来创造和捕捉价值的企业。

1. "由外到内"的式样

有时，来自完全不同行业的外部组织可能会提供有价值的见解、知识、专利，或者对内部开发团队来说现成的产品要借助外部知识，需要将外部实体和内部业务流程和研发团队联系在一起，需要借助外部创新的优势，需要构建与外部网络连接的特定资源。从外部资源获取来的创新需要花费成本，但是通过外部已创建的知识和高级研究项目的研发，企业可以缩短产品上市的时间，并提高内部研发的效率。拥有强势品牌、强大分销渠道和良好客户关系的知名老字号公司，非常适合"由外到内"的开放式商业模式。这种方式可以帮助这些知名老字号公司通过进行外部资源创新来挖掘现有客户关系的价值。

表 4-4-6 由外到内式样的商业模式

重要伙伴	关键业务	价值主张	客户关系	客户细分
创新伙伴； 研究社区	扫描； 管理网络； 开发二级市场	购买创新	客户需求带来创新	重度垂直细分市场
	核心资源 扫描； 获得； 接入创新网络		分销渠道 社群经济； 粉丝经济	
成本结构 外部研发成本		收入来源 变加盟为入股		

2. "由内到外"的式样

"由内到外"式样的内涵：有些研发成果因为战略或运营层面的原因而变得没有价值，但是可能对于外部其他行业的组织有巨大的价值，但在内部没明确聚焦在核心业务上，一部分本来很有价值的智力资产闲置下来，这种组织很适合采用"由内到外"的开放式商业模式，允许其他公司闲置的内部创意加入，这样企业可以轻松地增加额外的收入。

表 4-4-7 由内到外式样的商业模式

重要伙伴	关键业务	价值主张	客户关系	客户细分
		研究与开发； 未使用的智力资产		二级市场； 被授权者； 创新客户
	核心资源		分销渠道 互联网平台	
成本结构		收入来源 销售的多样化； 授权使用； 闲置的内部创意费用		

二、商业模式设计的流程

每个商业模式设计都是独特的，都会遇到挑战、阻碍，也都有关键的成功因素。在处理类似商业模式的问题上，每个公司的起点不一样，行业背景和公司目标也不同，一些公司可能正在对危急局势做出响应，一些公司可能在挖掘新的增长潜力，一些公司可能还处在创业期，还有一些公司可能正计划将新产品和新技术推向市场。我们在这里提供了一个良好的设计流程供参考，不同的公司可以在该基础上进行改进和创新。

（一）商业模式设计和创新的目标与任务

1. 目标：商业模式的创新有四大目标

（1）满足市场。满足还未被响应的市场需求。

（2）投放市场。把新的技术、产品或服务推向市场。

（3）改善市场。改善或颠覆现有市场。

（4）创造市场。创造一种全新的业务。

2. 任务：为了实现商业模式创新的目标，企业需要完成如下任务。

（1）找到合适的模式。

（2）全面上市之前进行模式测试。

（3）推动市场接受新的模式。

（4）结合市场反馈，持续不断地调整模式。

（5）管理不确定因素。

（二）商业模式设计理念

商业模式的创新并非偶然，而且也从来不是商业创意天才们的专属领域。我们可以管理商业模式创新并固化到流程中，用它来挖掘整个公司的创造潜力。

虽然我们在实施流程化商业模式创新上做出了一定的努力，但商业模式创新的复杂性和不可预测性仍是摆在我们面前的难题。这需要我们具备处理混乱情况与不确定性因素的能力，还需要有坚持不懈的精神，直到令人满意的解决方案出现。这是需要投入时间的，参与者必须投入大量的时间和精力去考虑各种各样的可能情况，而不是很快就采纳其中一种方案并轻率地得出结论。

这种理念完全不同于传统商业管理领域流行的"决定理念"。弗雷德·科洛皮和理查德·博兰在他们的著述里充分论述了这种理念，正如他们论述的那样，"决定理念"假设认为找出替代方案是容易的，但是在不同的方案中做出选择是困难的。与此截然相反，"设计理念"假设设计出一种杰出的替代方案是困难的，一旦你设计出来了，选择哪个替代方案就变得次要了。

这种区别特别适用于商业模式的创新，你尽可能多地进行分析，但可能还是无法找到满意的全新商业模式。商业世界充满着歧义和不确定性，所以坚持一种包含探索和设计多种可能原型的设计理念就非常有可能带来强大的全新商业模式。这种探索可能需要在市场调查分析、商业模式原型制作和创意产生之间不断地来回摸索，过程可能会杂乱无章，充满随机性。设计理念远非线性那么简单,比决定理念还要难以预料,因为决定理念只关注分析、决策和优化;有目的性地探求全新的、有竞争力的成长型模式,需要的是设计理念。

有人把一幅图像中"设计理念"称作"设计涂鸦"。"设计涂鸦"形象地展现了设计流程的特点:从起初研究和理解阶段的不确定、杂乱无章、充满随机性,到商业模式设计原型的确定,再到设计过程聚焦于清晰的单点来实施商业模式,此时,设计也就成熟了。

(三)商业模式设计的五个阶段

商业模式设计流程可分为五个阶段:动员、理解、设计、实施和管理。在这五个阶段中,理解和设计阶段往往是同步进行的,商业模式原型制作在理解阶段的初期就可以展开。同样,在设计阶段,原型制作可能会引发新的想法,还需要额外的研究,所以需要经历一个理解的过程。最后的管理阶段要持续不断地管理商业模式。在如今的商业环境里,大多数商业模式的生命周期都很短,即使是那些成功的模式,也只是昙花一现。我们考虑企业在商业模式创新上的大量投入,通过持续管理和演进商业模式来延长其寿命是非常有必要的。管理商业模式的演进需要我们决定哪些构成元素有实用价值,哪些已经过时无用了。

在每个阶段,我们要概括性地列出目标、焦点和与每个阶段相关的内容,如表4-4-8所示。

表4-4-8 商业模式设计的五个阶段

	动员	理解	设计	实施	管理
目标	为一个成功的商业模式设计项目做好准备工作	研究和分析商业模式设计需要的元素	构建和测试可行的商业模式可选方案,并挑选最佳的方案	在实际环境中实施商业模式原型	通过综合市场反馈来调整和修改商业模式
焦点	搭建舞台	全情投入	调研探索	实际执行	演化发展
描述	为成功的商业模式设计聚集起所需要的元素。营造出一个适合新商业模式发展的环境,说明创新项目的动机,并且建立一套描述、设计和分析讨论商业模式的公共语言	商业模式设计团队需要全情投入到相关信息中:客户、技术和环境。收集信息,访谈专家,研究潜在的客户,发现有关需求的问题	把前一阶段中得到的信息和想法转化为商业模式原型,并且进行不断的探索和测试。在反复密集的商业模式探索后,选出最符合要求的商业模式设计	实施挑选出来的商业模式设计	建立起管理架构来持续不断地监督、评估、调整和改变商业模式

编二　走向创业之路

1. 动员

第一个阶段的主要活动是确定项目目标、测试初始想法、规划项目计划和组建设计团队。确定项目的目标要视具体的项目而定，但通常都会包含设立项目的缘由、项目目的。初步的计划应该涉及商业模式设计的前几个阶段：动员、理解和设计，实施和管理阶段主要取决于前面这三个阶段的结果以及商业模式的设计方向，因此只能之后再来规划。

第一阶段的主要活动包括组建项目团队和获取符合要求的人员和信息。然而，团队训练方面并没有固定规则。再者，每个项目都是独一无二的，因此寻找一个具有宽泛的管理经验和行业阅历、想法新颖、拥有适当人脉，并致力于商业模式创新的人员混搭是非常必要的。在动员阶段，你可能想要初步测试这些基本商业设想。但是说起来容易，做起来很难，因为商业设想的潜力主要取决于正确的商业模式选择。

动员阶段最可能遇到的问题就是，人们往往高估了商业模式设想的潜力，这很可能导致人们思维的封闭，限制其想法。因此，人们可以通过与不同背景的人员合作来不断试验新的想法，尽量降低风险。人们可能也会考虑组织"战栗杀戮"会议，会议的所有参与者都需要进行20分钟的头脑风暴来证明某个想法为什么不可行（杀戮环节），再进行20分钟的头脑风暴证明某个想法为什么可行（战栗环节）。在探究一个设想的根本价值时，该方法十分有效。

2. 理解

第二个阶段需要做的是，对商业模式所在的环境做一个细致、彻底的了解。研究一个商业模式的环境需要做许多不同的活动，包括调查市场、研究客户、采访领域专家、了解竞争对手的商业模式，项目团队应该全力投入各项活动中，对商业模式的"设计空间"做一个彻底的了解。

前面也提到过，研究、理解和设计环环相扣，很难将它们单个地分离出来。在研究期间，我们需要特别注意的是，一定要做到彻底了解客户。听上去，这似乎理所当然，但真正能做到的少之又少，尤其是在高科技项目里。客户移情有助于团队结构性地研究市场。在研究的开始阶段，一个创业者经常会面临的问题就是客户细分群体的不明确。

在这个阶段，一个关键的因素就是要敢于质疑行业假设和成熟的商业模式。当人们推翻理所当然的思维定式，质疑假设，就像斯科特·安东尼在《创新者的转机》一书中指出的那样，需要去研究那些成熟市场的低端部分的潜力。创业者在研究环境，分析趋势、市场和竞争对手时，要记住商业模式创新的灵感随处可得。

在理解阶段，创业者需要不断地从其他途径获得信息，包括从客户那里，通过商业模式画布的绘制来获得反馈，这样可以尽早地开始试验商业模式的初步构想。但要记住，前瞻性、突破性的想法很有可能会遇到强大的阻力。

3. 设计

创业者在设计阶段面临的主要挑战是要保持设计大胆、模式新颖的决心，发散性思维就是其中一个关键的因素。为了产生突破性的想法，创业团队成员必须在构思阶段摒弃现行的模式和形态，保持一种探究性的设计理念。设计团队需要投入大量时间来探索多种不同的想法，因为最好的构想很有可能在这种探索的过程中产生。要避免过早地"钟情"于某种想法。在确定最终的执行方案之前，设计团队需花点时间仔细对比不同的备选方案，试验不同的合作模式，寻求其他收入来源并探索不同分销渠道的价值，尝试不同的商业模式，不断探索和挖掘新的可能。另外，设计团队可以与外部专家或潜在的客户一起试验潜在的商业模式，为每一种模式设计故事情节，并通过故事叙述来寻求反馈意见。这并不意味着设计团队需要为每一条评价调整自己的商业模式，可能会听到诸如"这样根本行不通，客户根本就不需要它""那样行不通，这违背行业逻辑"或"市场还不成熟"之类的反馈，这些评价指出了前面可能会遇到的障碍，但不是说团队设计的商业模式一无是处，进一步的研究可以帮助设计团队有效地改进设计模式。

4. 实施

一旦确定了最后要实施的商业模式，就要开始着手实施工作，包括确定所有的相关项目、制订各个阶段的计划、制定规章制度、准备预算清单和项目路线图等，实施阶段通常会体现在商业计划书里，并在项目管理文档中分条列述。例如，当 Skype 刚上线时，每天都有数以万计的用户注册，项目团队不得不立刻建立相应的机制来有效地、低成本地处理用户的反馈和投诉，否则，不断攀升的费用和用户投诉将会把公司拖垮。

5. 管理

一个成功的公司创造一个全新的商业模式或重新思考现行的模式并非一次偶然的尝试，这是一种凌驾于（超越）实施环节之上的活动，管理阶段意味着创业者需要不断地评估模式、审视环境来理解这种模式在未来发展中会受到外部因素怎样的影响。如果不是全新的团队，那么至少需要一个来自公司战略小组的员工来负责管理商业模式，可以考虑与跨职能团队组织定期的研讨会，一起评估公司现有的商业模式，这样有助于创业者判断商业模式是否需要做一些微调或者大调整。

在理想的情况下，改进和重新思考公司的商业模式应该是每一个成员的义务，而非专属于高层的责任。有了商业模式画布这个强大的工具，创业者可以把商业模式清晰地呈现在每个员工面前。新商业模式的想法往往诞生在公司最不起眼的地方。

积极地应对市场变化也变得越来越重要。我们可以设想一下同时管理多个商业模式的情境。我们生活在商业模式变革的时代，在这个时代，商业模式的"保质期"越来越短。就如同传统的产品生命周期管理一样，我们需要开始考虑如何用适应未来市场的增长型模式来代替我们现在以现金流驱动的商业模式。

任务五　股权结构

一、股权结构的概念

股权是指公司的股票持有者具有的与其股票比例相对应的人身和财产权利。股权结构是指公司股份中不同性质的股份的比例和相互关系。股权结构是公司治理的基础。股权结构不同，对应的组织结构也就不同，从而导致公司治理结构的不同，最终决定公司的行为和绩效。

二、创业企业股权结构设计的目标

对于创业企业而言，股权结构设计的基本目标不是股东利益的最大化，而是有利于公司整体的快速发展，科学合理的股权结构是至关重要的。

（一）明确合伙人之间的权、责、利

企业股权结构设计的首要目的是，明确合伙人之间的权、责、利，科学地体现合伙人对企业的贡献、各自的利益和权利。

（二）保护创始人的控制权

在未来融资时，股权会被稀释。合理的股权结构，有助于确保创业团队对公司的控制权。公司控制权是指选择和监督公司代理人的权利，以及公司的经营管理决策权。创始人凭借其表决权、选择管理者的权利等支配性权利，从根源上掌握公司的控制权。创业团队在组建过程中需要制定股权分配方案，其目的是保障公司有一个最终的决策者，用控制权保障创始人在团队内部的影响力和话语权。

（三）凝聚合伙人团队

股权架构的设计，要能够凝聚好合伙人，这样才能让团队更有竞争力。当创业竞争加剧、节奏加快时，联合创业的成功率远高于个人创业。一方面，合理的股权结构可以使团队成员对未来的回报有一个期望，能够留住现有的团队成员；另一方面，创业就像接力赛，需要分阶段地、有计划地、持续地招募人才，股权是吸引人才的重要手段。因此，创业团队在最初分配股权时应该有意识地预留一部分放入股权池，为持续招募人才保留通道。

（四）促进投资者进入

对于创业企业来说，资本的助力必不可少。创业企业的股权架构设计要考虑资本如何进入的问题。对于投资者来说，股权结构的合理性也是判断一个企业是否值得投资的重要指标。一般来说，投资者会要求创业企业有一个作为决策中心的大股东，类似平分股权的股权结构是不为投资者所认同的。大多数投资者认为，股权结构能够在很大程度上影响创业企业日后的发展。

（五）维护公司和创业项目的稳定

股权从根源上决定控制权，控制权可以决定企业的管理者、战略方向、经营目标和策略等重大事项。新创企业可依赖的资源不外乎创业者的点子、技术、资金、资历、经验，投资人的资金、网络资源、管理经验和管理层的个人能力等。因此，协调好这三方的利益关系，最大限度地激发他们为新创企业服务的动力，是维护公司和创业项目稳定的最重要的保证，而股权便是最好的协调工具。

（六）为进入资本市场做准备

进入任何资本市场，无论国内还是国外的 IPO 都要求拟上市公司股权清晰。我国《首次公开发行股票并上市管理办法》第十三条规定："发行人的股权清晰，控股股东和受控股股东、实际控制人支配的股东持有的发行人股份不存在重大权属纠纷。"拟上市公司需要股权权属明确，股东与公司之间、股东之间、股东与第三方之间不存在重大股份权属争议、纠纷或潜在纠纷。股东出资行为真实，不存在重大法律瑕疵，或者相关行为已经得到有效规范，不存在风险隐患。

任务六　财务分析

财务分析对于拟一份创业计划书而言是非常重要的。对于风险投资机构而言，财务分析不仅仅是项目的财务规划，更重要的作用是反映团队综合能力和素质。通俗地说，财务分析主要是说明项目需要多少钱，这些钱将怎么用，项目要怎么营利，营利空间有多大。团队既不可以夸大事实，使用虚假数据来说明项目的良好前景，给人留下盲目乐观的印象；也不可以处处保守，使项目的优势不能充分地体现出来，给人留下信心不足的印象。这就要求团队在充分了解项目和市场的基础上，认真分析，找到两者之间的平衡点。

一、财务分析概述

（一）财务分析的作用

在任何投资中，影响公司运营及损益的财务状况总是投资者最为关心的部分。创业大赛的文本就是一份详尽的创业计划书，其提出了在筹资过程中投资者需要做的事情，其中的财务部分是对整个计划书的支持和说明。财务预测和分析将整个公司的生产、营销战略、人力资源管理等成果都以货币形式表示出来，使前述的定性描述都定量化，从而能更直观地评判投资项目的好坏。因此，一份周密专业的财务报告应恰当地预测风险，估算项目所需要的资金数量，评估公司的运营风险，从而有力地证明整个项目的可行性，提高公司获取资金的可能性。

在创业大赛中，由于每个参赛队伍对文本形式的理解不同，做出的财务部分内容也会有所不同。虽然创业大赛组委会提供了一些模板，但是对财务部分的要求也不是严格固定的。因此，创业计划书的内容可以根据各个团队的理解和需求进行一定的改变，但是其基本目的不变，即通过考察项目的财务状况和营利能力，为公司或投资者的项目决策提供信息支持，同时兼顾相关利益主体各方的利益要求。财务分析和评价的作用主要体现在以下三个方面。

（1）为项目的管理运营提供信息和数据，包括项目所需资金规模、销售收入的预测、成本估算和损益等。这些都是财务预测和估算的重要内容。

（2）反映项目的营利能力和偿债能力，明确公司所获得的收益和投资者投入资金的安全性，为所有者和债权人的投资决策提供信息支持。这部分在财务分析和评价中得以体现。

（3）分析和确定项目投资的风险及其应对措施。任何项目都会有一定的财务风险和运营风险，这些需要通过对项目进行财务分析和评估来确定。

创业大赛文本的财务内容应能发挥上述作用，并提供充分的信息支持。

（二）财务分析的基本步骤

1. 财务分析的基本步骤（如表 4-6-1 所示）

表 4-6-1

基本步骤	基本思路
为财务预测和评价做好准备	在创赛初始阶段，项目的相关体系还未建立，如生产成本、营销计划和费用等数据还没定，财务人员不能立即着手进行估算和分析。此时，财务人员正好可以借机了解项目，根据项目财务分析的需要，收集整理各种资料和数据，学习相关财务法规和方法，为后续预测和分析做好准备
项目财务数据的预测和估算	在其他成员逐步完善相关项目体系时，财务人员就可以开始进行预测和估算了。这是一种事前评估，因而许多基础数据都是预测和估计的。首先，投资的需求预测，包括固定资产、无形资产、递延资产和流动资金的投资估算。其次，预测项目的市场前景，估算项目的收益与成本方面的数据。具体如销售价格和销售收入的预测；项目产品生产成本和总成本费用的预测等。最后，根据这些数据和报表间的内在联系，编制出其他一些基本报表，包括损益表、资金来源与运用表、债务偿还计划表、资产负债表和财务现金流量表等
进行全面的财务分析	主要是在项目财务报表和相关数据的基础上，计算各种相关财务指标，包括营利能力、偿债能力、盈亏平衡和不确定性分析等，对这些指标进行横向和纵向的对比，从而得出财务评价结论
给出财务评价结论	这是整个研究报告的组成部分之一，并且是最终定论所在，应立足前述证据，得出全面而慎重的结论

2. 投资估算和财务预测的注意点

（1）财务估算预测的数据和依据等可以根据公司特点因地制宜，繁简得当。对于一些可以直接获得的数据，如某些固定资产的价格、原材料的用量、竞争对手的报价等信息要尽量搜集，减少估算的不确定性；较为重要的不能直接获得的数据，如销售收入的预测，可以采用科学的方法进行计算；其他影响较小的数据则可以根据经验预测，允许一定的误差，遵从会计核算的重要性原则。我们也可以根据需要列出财务报表，有些可以详尽，如总成本费用表；有些则可以简化，如流动资金的估算；还有些可以合并，如销售收入的预测表和税金及附加估算表等。

（2）财务估算中的数据都应该有一定的来源和依据，或者是通过现有资料获得，或者是通过科学的预测算出。这些来源和依据应该在文本中清楚说明，尤其是一些影响较大的数据。有时候由于缺乏经验，财务人员需要的数据，团队其他成员未必能够给出，这时候财务人员不可以随意估算，应该对相关成员解释这些财务数据的含义和估算的一些基本方法，一起进行估算和预测。如果没有对数据和报表做任何说明和解释，将很难使阅读者和投资商信任这份财务报告。而且财务预测也不是孤立的，任何一个审查创业公司财务的人都希望读到一些有关预算和估计的探讨性说明，如对市场的预测、对竞争对手的研究等，这样才能充分支持财务报告的准确性和科学性。

（3）注意会计钩稽关系。报表和报表之间都是互相联系的，其中的数据或者直接引用自其他报表，或者通过加总、计算得来，甚至会涉及数张报表发生额和余额的关系，因此建表时就应加以注意。如在同一报表中就有"资产＝负债＋所有者权益"的静态平衡关系，"利润＝收入－成本（费用）"的动态平衡关系，以及各项目明细数与合计数的关系。报表与报表之间存在如资产负债表中的未分配项目和损益表中的结余之间的钩稽关系，资产负债表中固定资产净值和折旧推销估算表中净值的钩稽关系等。建立报表后，我们也应仔细检查，针对数据之间的钩稽差异一定要找出原因，不能以侥幸心理擅自修改某些数据以求平衡，从而破坏财务报表之间的关系。财务人员应该以专业负责的态度认真对待财务数据和报表，保证财务分析的准确性和完整性。

二、财务分析的方法

（一）财务分析的一般方法

1. 财务预测和评价的准备事项

在做财务预测和估算之前，我们需要做好以下几点。

首先，应注意搜集资料，如关于公司所属行业的一些财务法规和惯例，其他公司的财务报告和分析，还有本公司项目运营的特点和基本财务数据，包括项目的造价、运营与设备维护的成本数据，都应该事先掌握。

其次，对收集的资料进行整理核实是为了保证这些资料数据的真实性、正确性和合法性。有时会出现这样的情况，在财务预测过程中，其他成员要修改相关的数据，如营销人员要重新定价，这样就使之前的很多分析结论需要做相应改变，耗费财务人员的宝贵时间，因此做分析之前，相关人员就应核实这些资料，免得中途更改耗时。另外，也要对这些资料数据进行整理，按照自己的框架归类，这样不仅方便查找，也更有利于集中理解。因为有的时候数据可能比较多，需要注意的事项也比较庞杂，难以考虑周全，归类在一起便可以清晰了解举一反三。

最后，经验不足的财务人员还应学习相关的财务预测和分析方法。可以参考书本知识和历年创业比赛的经典文本，学习其中的常用方法，分析比较其优劣并考虑本公司的特点。许多财务报告和分析可能根据公司自身的特点和需要，采用了不同的预测依据和方法，对于经验不足的人来说可能就觉得迷惑，如建设项目流动资金的估算可以用扩大指标估算法，也可以用分项详细估算法，这两种方法所需要的数据和原理都不同。因此，财务人员需要事先进行学习，掌握财务分析的一些基本方法和原理，这样在进行分析选择的时候才能胸有成竹。

2. 投资估算的基本方法

投资估算和融资方案是财务分析和评价的重要组成部分，其主要目的是计算项目所需要的投资总额，分析各项融资方案，并制订用款计划。这部分内容一般包括公司的股本结构，各项资产的投资估算和资金筹措等。

首先，应确定合理的股本数量和结构，并解释说明各投资参与者在公司中所具有的权益，包括创业者、专利持有者和其他投资者。创业大赛中的许多项目都是有专利技术入股的，应注意确定技术入股的比例，与技术持有者协商其价值。

其次，投资主要包括固定资产、无形资产、递延资产和流动资金。固定资产和无形资产主要根据公司需要，按照市场价格或者资产评估来估算，递延资产主要是开办费，流动资金可以采用扩大指标估算法或者分项详细估算法等进行估算。

最后，资金筹措可以按资金来源说明各项资金的来源、预计到位的时间、使用条件等，特别是对某些贷款，需要说明贷款条件、年限和利率等，明确公司的资本结构。

3. 财务预测的基本思路和方法

这部分涉及的内容较多，包括对公司销售收入各项成本和费用的估算，还有财务状况的预计等。因此，在编排内容时，财务人员可能有自己的思路和逻辑，但是仍有一些基本的内容需要把握。

首先，应进行编制说明。包括确定财务评价的依据、投资计划和计算年限，以及人员设置等。《企业财务通则》《企业会计准则》及各项财务法规等都可以是财务评价的依据，很多企业也会以国家发展改革委、建设部发的《建设项目经济评价方法》《建设项目经济评价参数》作为建设项目评价的重要依据。投资计划中可以简单解释产品计划、生产规模和实施进度等。

其次，财务分析的计算年限一般为5年，创业大赛中的大部分项目，其成长性都较好，5年后的发展将难以预测，因此5年的分析期限足以说明公司项目的优劣。有些特别大型的、具有一定公益性的项目，有可能需要5年甚至5年以上的时间才能进入正常的运营状态，应据此设定合适的年限，如10年，进行分析预测，但是一般计算期不应超过20年。原因有两方面：一方面，时间越长，预测数据就会越不准确；另一方面，按照现金流量折现的原理，将20年以后的成本和收益折算为现值，所得到的现金流量额很小，难以对财务评估的结论产生决定性的影响。一般来说，财务估计和预测表做成年报形式即可，但是也有财务人员为了更加详尽地反映公司运营初期的财务状况和风险,列出第一年的月报或者季报,这些可以视情况而定。

人员设置是公司管理中的重要组成部分,在如今人力资本越来越重要的时代,员工人数和工资需要慎重考虑。根据经验,人员工资在生产成本、管理费用和营销费用中往往占了很大的比例,因此,财务人员也可以特别列出工资估算表。不同人员的工资应该列作不同的成本或费用,这一点也可以在估算表中体现。之后财物人员就可以按照思路和财务逻辑关系,对公司项目的运营和财务状况一一做出预测和估计。

(二)常用的财务报表

1. 销售收入预测表

这部分数据可以来自营销部分中的预测方案或者销售计划,也可以由财务部门和营销部门共同合作预测。销售收入受到多种因素的影响,重点应考虑的外部因素包括市场需求动向、经济变动、竞争对手的变化等,内部因素包括营销活动、销售政策、公司的生产等。在综合考虑各项因素的基础上,财务人员可以采用多种方法进行预测,包括主观的经验预测方法和客观的统计手法,最后的结果可以在多种方法得出的结论中进行选择或者再统计。

2. 总成本费用估算表

总成本费用包括生产成本、管理费用、营业费用和财务费用等,各项目之下又各有明细科目,几乎都可以再各自列出表格,因此相关人员可以根据自己的需要来估算,如生产成本中可能包括原材料、外购燃料和动力、生产工人工资和福利、制造费用等,管理费用和营业费用也可以分别列出所包含的重要科目来进行估算,或者根据销售收入的一定比例来计算,这个比例就需要慎重决定,可以取自行业惯例或者请专家确定。财务费用一般是借款利息,根据公司的借款条件进行计算。值得注意的是,总成本费用需要区分固定成本、变动成本和经营成本等,因为后面的财务分析的盈亏平衡和敏感性分析等计算中要引用这些数据。

3. 销售税金及附加估算表

这部分需要财务人员根据财务法规和公司性质的不同,估算不同的税金及附加。如制造型公司一般要缴纳增值税,服务型公司需要缴纳营业税,部分产品需要缴纳消费税。城市维护建设税和教育费附加税一般按照增值税、营业税或者消费税的一定比例缴纳,广告业还需要缴纳文化事业建设费等。因此,财务人员要熟悉相关税收法规,确认公司的产品性质和需缴纳的各项税费,免得漏算、错算。

4. 损益表

这是投资者非常关注的报表,它反映了公司的主要运营成果和基本的利润状况。根据前面的销售收入预测和总成本费用和税金及附加的估算数据,就可以得出应税利润。许多创业项目由于初期的资金投入较多,营业收入又不多,便可能出现亏损,应该用随后年度的利润进行弥补。所得税的比例一般为33%,如果是高新技术产品可以根据政策享受一定的优惠,然后根据法定比例提取法定盈余公积金,剩余利润可以按公司政策进行分配。

5. 资金来源及运用表

此表用于反映项目计算期内各年的投资、融资及生产经营活动的资金流入、流出情况，考察资金的平衡和余缺情况。可以通过直接引用前面的各报表数据得出此表。如果某年出现资金缺口，则表示入不敷出，可以通过融资来增加资金来源，或者减少费用以减少资金流出。

6. 债务偿还计划表

如果公司有较大的债务，不仅应在投资估算的资金筹措部分进行说明，还应在此表中对计算期内各年借款的使用、还本付息、偿债资金来源和计算借款偿还期等指标做出说明，制订详尽的还款计划，以说明公司的偿债能力和投资风险承受力。

7. 资产负债表

基本上根据上述报表中的估计数据就可以列出公司的资产负债表，反映公司每年的财务状况。应注意公司各项资产和负债的价值及所占比例，如果公司流动资产过少，则说明流动性不够，可以增加流动资产或者减少流动负债，而债务结构会影响公司的运营风险。

三、财务分析和评价

财务评价主要是根据国家现行财税制度和价格体系，分析计算项目直接发生的财务效益和费用后，计算评价指标，考察项目的营利能力、清偿能力以及外汇平衡等财务状况，从而判别项目的财务可行性，因此在对公司项目进行财务预测和估算之后，可以根据这些数据和报表进行财务分析，计算财务评价指标等，编写出财务评价报告。下面对财务分析工具和评价等进行简单介绍。

（一）常用财务分析工具和评价

1. 营利能力分析

进行营利能力分析不仅需要参考财务预测和估算的数据，还要编制财务现金流量表。如果有负债，还要分别编制全部资金财务现金流量表或者自有资金财务现金流量表，以便准确地计算自有资金的投资利润率。由于资金流动性和可变现能力在公司的日常经营中愈发重要，现金流量表同资产负债表、利润表一起成为公司的三大重要报表。现金流量表反映公司一定期间现金的流入和流出情况，表明公司获得现金和现金等价物的能力。编制现金流量表可以采用间接法或直接法，财务人员可以根据需要自行决定。

通过财务现金流量表，我们可以计算投资利润率、投资回收期、投资利税率、销售利润率、销售利税率等静态财务指标，以及财务净现值、财务内部收益率等动态财务指标。这些指标显示了公司项目的综合获利能力和收益能力，很受投资者关注。而且动态财务指标考虑了资金的时间价值和公司的风险，更具科学性，因此对其进行分析非常必要。只是计算中的一个难点是确定合理的折现率，这关系到公司项目的净现值和动态投资回收期，一个微小的变化都可能导致计算结果大大改变，所以我们应在充分考虑公司的风险系数和行业基准收益率的基础上进行决定。

2. 偿债能力分析

偿债能力分析是指通过对"借款还本付息计算表""资金来源与运用表"和"资产负

债表"的计算，考察项目计算期内各年的财务状况及偿债能力，并计算资产负债率、流动比率、速动比率和固定资产投资借款偿还期等。对于没有负债的公司项目来说，这部分分析自然可以省略。

3. 盈亏平衡分析

盈亏平衡分析的原理就是根据量、本、利之间的关系，计算项目的盈亏平衡点，从而分析项目对市场需求变化的适应能力。一般来说，盈亏平衡点可以用公司营业利润为零时的生产能力利用率或者产品销售量来表示。根据是否考虑资金的时间价值，盈亏平衡分析又可分为静态盈亏平衡分析和动态盈亏平衡分析。在总成本费用估算表中，我们可以区分出固定成本和可变成本，从而方便运用以下公式计算以销售量表示的盈亏平衡点：

盈亏平衡销售量＝固定成本／（单位售价－单位可变成本）

这是静态盈亏平衡销售量的计算方法。动态平衡的分析就是在考虑了资金的时间价值和所得税等因素的条件下，使项目净现值为零的生产能力利用率或销售量。如果盈亏平衡销售量较小，则项目有较好的适应能力。

4. 敏感性分析

项目实施过程中不可避免地会有一些不确定因素出现，影响项目的建设和抗风险的能力。因此，投资者特别希望在讨论预测的时候进行敏感性分析。我们通过衡量投资方案中某个因素发生变动时，对方案预期结果的影响程度，来识别关键因素和风险大小。可以作为敏感性分析的因素有投资额、项目寿命期、经营成本和销售收入等。预测的可靠性取决于假定的实际准确性。进行敏感性分析时，我们应该识别出关键的假定，然后确定假定的变化会带来什么影响。通常，我们可以分别在固定资产投资、经营成本和销售收入做上下100％波动的情况下，计算财务内部收益率、投资回收期和净现值等财务指标变化的敏感程度。对于对项目影响较大的因素，我们就应在公司运营管理中特别予以关注，并在风险分析中重点考虑。

5. 财务评价结论

在财务分析过程中，我们可以逐步对得出的指标和结论进行评价。这些数据可以同整个行业的平均值或者与竞争对手的数据进行比较，如抗风险能力如何、偿债能力如何、盈亏能力如何、可行性如何等。如果这些数据高出行业平均值许多，那就说明该项目具有较好的可行性。

（二）财务分析和评价中的常见问题

财务分析和评价过程中可能出现以下问题，应注意避免。

1. 就数据论数据，与公司运营脱节

在财务分析过程中，数据固然重要，但数据所表达的公司运营和财务状况更加重要。常常有团队中的财务人员只考虑项目中的财务部分，对项目本身却知之甚少。如果仅仅以数据来说明数据，以数据来做结论，而不去分析数据背后所体现的公司经营情况和存在的问题等，就不能达到财务分析和评价的目的。例如，计算出盈亏平衡销售量为多少，这个数据并不能充分说明公司项目的抗风险能力和市场适应能力。但是如果结合公司的营销计

划，预测销售量，便能显示出公司项目的保本能力如何。因此，我们要结合公司的经营和业务情况，去观察财务数据，根据财务数据去对比业务，这样才能用财务数据来说明公司经营情况，去发现业务中存在的问题。这样的分析报告才能为管理层和投资者提供真正有用的决策信息。

2. 忽视财务指标之间的关系，没有将各个指标数值有机地联系起来进行分析判断

具体表现为，财务人员在进行资金结构、偿债能力等财务状况方面的分析时，忽视利润表和现金流量表指标的变化；在进行营利能力方面的分析时，忽视资产类指标。事实上，公司的盈利能力和公司的财务状况是相互制约、相互促进的，其指标之间也是相互关联的。忽视财务指标间这种内在的关联性，以单个指标对公司的某个方面进行判断和评价的做法是错误的。在进行财务分析时，财务人员只有将多种指标结合起来，凭借其内在的因果关系，进行一环扣一环、层层深入的综合分析判断，才能得出更加符合公司实际的、准确的分析结论。

3. 出现差错，如错算漏算、引用资料有误等，影响分析评价的准确性

财务工作应是严格规范的，如果在文本审查或者答辩中被发现财务问题，团队将很难自圆其说。因此，财务人员应细心审查，按照各种技术性方法检查财务报表和分析结果，斟酌财务评价结论，尽量避免出错。其他成员也要阅读这份财务分析和评价报告，借此了解公司的财务状况，根据对各自领域的理解提出建议，并帮忙找出一些数字错误或者晦涩难懂的部分语句，使财务报告更专业规范。

任务七　风险控制

收益总是伴随着风险的，如果没能做好风险控制，或许细微的风险就可能使整个创业计划付之一炬。大学生创业者要非常谨慎，根据自身的实际情况和面临的生存环境来描述关键风险，当然也不能忽略细小的风险。这里的风险包括很多方面，如外部的市场变动、竞争对手的报复等，以及内部的管理团队瓦解、生产能力不足等，还包括营销、财务等方面的风险，这些都有可能导致创业失败。风险评估是计划书中不可缺少的一部分。找出拟创企业可能存在的问题，预计可能导致企业不良运转的情况，并对这些情形进行深入研究，给出应急预案。

一、创业风险的含义与构成

风险的基本含义是损失的不确定性。造成损失的可能性越大，风险越大，风险可以用不同结果出现的概率来描述。结果可能是好的，也可能是坏的，坏结果出现的概率越大，风险就越大。当创业机会可能要面临某种损失时，这种可能性及引起损失的状态便被称为机会风险。例如，创业机会常常面临政策不利变化带来的损失、技术转换失败带来的损失、团队成员分歧带来的损失等，这些都表明创业机会中有种种风险存在。

构成机会风险的主要因素包括风险因素、风险事件和风险损失三个方面。

（一）风险因素

风险因素是指能够引起或增加风险事件发生的机会或影响损失的严重程度的因素，是风险事件发生的潜在条件，一般又称为风险条件。创业风险因素从形态上可以分为物的因素和人的因素两个方面。物的因素属于有形的情况或者状态，如技术的不确定性，经济条件恶化等；人的因素是指道德、心理的情况和状态，如道德风险因素和心理风险因素等。

（二）风险事件

风险事件是风险因素综合运用的结果，是产生风险损失的原因，也是风险损失产生的媒介物。创业风险事件是指创业风险的可能性变成现实，以引起损失后果的事件。如技术的不确定性确实引起了产品研发的失败，经济条件的恶化最终导致了销售额的下降等。

（三）风险损失

风险损失是指非故意的、非预期的、非计划的利益减少，这种减少可以用货币来衡量。风险损失包括直接损失和间接损失。创业风险损失是指风险事件的出现给创业者或创业企业带来的能够用货币计量的经济损失。如产品研发失败引起的经济损失、无法及时将产品投放市场而造成的经济损失、销售下降导致的收入减少等。

风险因素引起风险事件，风险事件导致风险损失，二者之间密切相关，共同构成了风险存在的基本条件。

二、机会风险的分类

（一）按风险来源的主客观性分类

按风险来源的主客观性划分，机会风险可分为主观创业风险和客观创业风险。主观创业风险是指，在创业阶段，由创业者的身体与心理素质等主观方面的因素导致创业失败的可能性；客观创业风险是指，在创业阶段，由客观因素导致创业失败的可能性，如市场的变动、政策的变化、竞争对手的出现、创业资金缺乏等。

（二）按风险影响的范围分类

按风险影响的范围，机会风险可分为系统风险与非系统风险。系统风险是源于创业者或创业企业之外的、由创业环境变化带来的风险，如商品市场风险、资本市场风险等，创业者或创业企业无法对其进行控制或施加影响；非系统风险是指创业者或创业企业本身的商业活动和财务活动引发的风险，如团队风险、技术风险和财务风险等，可以通过一定的手段进行预防和分散。

（三）按风险的可控程度分类

按照风险的可控程度，机会风险分为可控风险和不可控风险。可控风险是指在一定程度上可以控制或部分控制的风险，如财务风险、团队风险等；不可控风险是指创业者或创业企业无法左右或控制的风险，如系统风险等。

（四）按创业的过程分类

按照风险在创业过程中出现的环节，机会风险可分为机会的识别与评估风险、团队组建风险、确定并获取创业资源风险、准备与撰写创业计划风险和创业企业管理风险。机会的识别与评估风险是指在机会识别和评估的过程中，信息缺失、推理偏误、处理不当等各种主客观因素，使创业面临方向选择和决策失误的风险；团队组建风险是指在团队组建的过程中，团队成员选择不当或缺少合适的团队成员而导致的风险；确定并获取创业资源风险是指存在资源缺口，无法获得所需资源，或获得资源成本较高给创业活动带来的风险；准备与撰写创业计划风险是指在创业计划的准备与撰写过程中，各种不确定因素的存在，或制订者自身能力的限制导致的创业风险；创业企业管理风险是指管理方式、企业文化的选取与创建，发展战略的制定、组织、技术、营销等各方面管理中存在的风险。

（五）按风险内容的表现形式分类

按照创业风险内容的表现形式，机会风险可分为机会选择风险、技术风险、市场风险、管理风险和财务风险等。

机会选择风险是指创业者因选择创业放弃自己原先所从事的职业而丧失的潜在晋升或发展机会的风险。

技术风险是指因技术方面的因素及其变化的不确定性而导致创业失败的可能性。技术成功的不确定性，技术前景、技术寿命的不确定性，技术效果的不确定性，技本成果转化的不确定性等都会带来技术风险。

市场风险是指因市场情况的不确定性而导致创业者或创业企业损失的可能性。市场风险包括产品市场风险和资本市场风险两大类。市场供给和需求的变化、市场接受时间的不确定性、市场价格变化、市场战略失误等原因都会给创业活动带来一定的市场风险。

管理风险是指企业在管理运作过程中因信息不对称、管理不善、判断失误等影响管理水平形成的风险。管理风险可能由管理者素质低下、缺乏诚信、权利分配不合理、不规范的家族式管理或决策失误等引起。

财务风险是指创业者或创业企业在理财活动中存在的风险。对创业所需资金估计不足、难以及时筹措创业资金、创业企业业务结构不合理、融资不当、现金流管理不力等都可能使创业企业丧失偿债能力，导致预期收益下降，形成一定的财务风险。

三、机会风险的管理

机会风险管理的基本程序一般包括风险识别、风险评估和风险应对三个阶段。

（一）风险识别

风险识别是创业人员对创业过程中可能发生的风险进行感知和预测的过程。首先，风险识别应根据风险分类，全面观察创业过程，从风险产生的原因入手，将引起风险的因素分解成简单的、容易识别的基本单元，找出影响预期目标实现的各种风险，创业者可以采用绘制创业流程图、制作风险清单、建立风险档案、头脑风暴、市场需求调查、分解分析等方法进行风险识别。

（二）风险评估

风险评估包括风险估计和风险评价。风险估计是通过对所有不确定性和风险要素的充分、系统而有条理的考虑，确定创业过程中各种风险发生的可能性、发生之后的损失程度、预期发生的时间、风险因素所产生的风险事件发生概率四个方面进行估计。创业者在进行风险估计时应充分考虑风险因素及其影响，对潜在损失和最大损失做出估计。风险评价是针对风险估计的结果，应用各种风险评价技术来判定风险影响大小、危害程度高低的过程。风险评价可以采用定量的方法，如敏感性分析、决策性分析、影像图分析等；也可以采用定性分析的方法，如专家调查法、层次分析法等。

创业者应对不同的风险选用不同的方法进行评价，并分析评价的结果，做好风险预警工作。

（三）风险应对

风险应对是创业者在风险评估的基础上，选择最佳的风险管理技术，采取及时有效的方法进行防范和控制，用最经济合理的方法来综合处理风险，以实现最大安全保障的一种科学管理方法。常用的风险应对方法有风险避免、风险自留、风险预防、风险抑制和风险转嫁等。

风险避免是指设法回避损失发生的可能性，从根本上消除特定的风险的一种方法。这种方法是一种消极的风险管理方法，通常当某种特定风险所致的损失率相当高时，或者采用其他方法管理风险不符合成本效益原则时才会采用。

风险自留是自我主动承担风险带来的损失的一种方法。风险自留常常在风险所致的损失概率较小、可以预测以及最大损失不影响创业活动正常进行时采用。

风险预防是指在风险发生前为消除或减少可能引发损失的各种因素而采取的具体行动，其目的在于通过消除或减少风险因素来降低损失发生的概率。这种方法通常在损失的频率高且损失的幅度低时使用。

风险抑制是指在损失发生时或在损失发生后为缩小损失幅度而采取的各种应对措施，抑制常常在损失幅度高且风险又无法避免或转嫁的情况下采用，如损失发生后的自救和损失处理等。

风险转嫁是指创业者为避免承担风险损失，有意识地将损失或与损失有关的财务后果抛给他人去承担的一种风险管理方法。具体来说，创业者可采用保险转嫁、转让转嫁等方式。

四、创业风险的防范途径

（一）系统风险防范的有效途径

系统风险是某种全局性的共同因素引起的，创业者或创业企业本身控制不了，并难以采取有效方法消除的风险。因此，系统风险也称为"不可分散风险"。一般来说，环境风险、市场风险等属于系统风险。对于系统风险，创业者或创业企业应设法规避，并从以下三方面做好风险的防范。

1. 谨慎分析

创业者应对其所处的创业环境进行深入了解、谨慎分析。目前，我国实行积极的就业政策，贯彻鼓励创业的方针，在自主创业税费减免、小额担保贷款、创业地落户，以及场地、项目、技术、培训等方面，为大学生创业提供了很多优惠和鼓励政策，营造了更为宽松的环境。创业者首先应对创业环境进行正确的认识和了解，采用"层次分析法"等对创业环境进行合理评估，通过层层细化、逐级分析来熟悉创业的宏观环境、行业环境、地区环境等，以求准确深入地解释创业过程中可能遇到的系统风险。

2. 正确预测

创业风险有些是可以预测的，有些是不可以预测的。创业者应尽可能运用所学的知识和所掌握的资源，采用科学的方法对那些能够预测的风险进行深入分析，并通过和团队成员探讨、请教外部专家等方法来预测创业环境的可能变化，以及变化会给创业企业带来的影响，尽量对创业的系统风险做到心中有数，制定相应的应对策略。

3. 合理应对

由于系统风险的不可分散性，创业者只能根据以上两个步骤对系统风险进行分析和预测，并制定合理的应对措施，巧妙规避并尽可能降低系统风险的发生对创业者自身或创业企业的不利影响。例如，预测到市场利率上升则尽量筹集长期资金，预测到未来经济低迷则尽可能持有较多现金等。

（二）非系统风险防范的可能途径

非系统风险是由特定创业者或创业企业自身因素引起的，只对该创业者或创业企业产生影响的风险。因此，创业者和创业企业可以在某种程度上对其进行控制，并通过一定的手段予以预防和分散。

1. 机会选择风险的防范

机会选择风险是一种潜在风险，是由于选择创业失去其他发展机会而可能丧失的最大收益。因此，创业者在创业准备之初就应该对创业的风险和收益进行全面权衡，将创业目标和目前的职业收益进行比较，结合当下的创业环境、自己的创业生涯规划进行权衡分析。如果认为创业时机已经成熟，刚好有一个绝佳的商业机会可以转化为创业项目，而且该项目又可以和自己的生涯规划相吻合，那么就要狠下心，立即着手创业。否则就不要急于创业，可以先就业或者继续从事目前的工作，边工作边认真观察，学习所在公司各层领导的工作方法和技巧，并用心学习所在公司开拓市场的技巧，以及公司高层管理者管理公司的技巧等；同时学会利用自己的工作机会建立良好的关系网络，待时机成熟再开始创业。

2. 人力资源风险的防范

人力资源是创业活动中最重要的资源，由此产生的风险对创业企业来说往往也是致命的。所以，创业者一定要予以充分关注。首先，创业者要不断充实自己，持续提高个人素质，使自己的知识和能力与创业活动相匹配；其次，通过沟通、协调、激励、奖惩、评价、目标设定等多种手段管理团队，并在创业团队发展的不同阶段确定相应的管理内容，科学合理地对成员进行绩效评价；最后，招聘那些具有良好职业道德和团队合作意识、拥有与岗位相匹配技能的员工。创业者通过在合同中明确权利义务关系和适当授权，以及建立合理的人力资源管理系统，使关键员工工作管理与非工作管理相结合。

3. 技术风险的防范

技术创新能够给创业者带来丰厚的回报，但掌控不好也可能会使创业者颗粒无收。因此，创业者一定要通过加强自身能力建设或建立创新联盟等方式减少技术风险发生的可能性。第一，应加强对技术创新方案的可行性论证，减少技术开发与技术选择的盲目性，并通过建立灵敏的信息技术管理系统，及时预防技术风险；第二，可通过组建技术联合开发体或建立创新联盟等方式来分散技术创新的风险；第三，提高创业企业技术系统的活力，降低技术风险发生的可能性；第四，高度重视专利申请、技术标准申请等保护性措施的采用，通过法律手段降低损失出现的可能性。

4. 管理风险的防范

提高管理者的素质，改变管理和决策方式可以有效应对创业企业的管理风险。具体来说，创业者可以采取以下主要措施：第一，应努力提高核心创业成员的素质，帮助其树立诚信意识和市场经济观念，并以此为基础搞好领导层的自身建设，建立能够适应企业不同发展阶段变革的组织机构；第二，实行民主决策与集权管理的统一，将企业的执行权进行合理分配，避免不规范的家族式管理模式影响创业企业发展；第三，明确决策目标，完善决策机制，减少决策失误。

5. 财务风险的防范

筹资困难和资本结构不合理是很多创业企业的财务特征和主要的财务风险来源。为了有效规避财务风险，创业者要做到以下几点：第一，创业者要对创业所需要的资金进行合理估计，避免筹资不足影响创业企业的健康成长和后续发展；第二，创业者要学会树立和维护自身和企业的形象，提高获得资金的概率；第三，创业者或团队一定要学会在企业的长远发展和眼前利益之间进行权衡，设置合理的财务结构，从恰当的渠道获得资金；第四，管好创业企业的现金流，避免因现金断流而带来的财务拮据，甚至出现破产清算的局面。

任务八　融资决策

在创业组织开始经营之前，创业者需要确定公司启动所需要的资金。为了保证公司在启动阶段业务运转顺利，在公司业务经营达到收支平衡之前，创业者需要准备足够的资金以备支付各种费用。为了应对意外，创业者可以将每项实际费用多估算出一部分，从而将估算费用控制在安全范围之内。另外，创业者还应对预估融资额的合理性进行检验并采取以下几种方式将预算减至最低，测算创业启动资金。

一、启动资金的基本要素

启动资金就是开办企业必须购买的物资的费用和其他必要的开支。按照用途划分，启动资金可以分为固定资产投入和流动资金。

（一）固定资产投入

固定资产投入是指企业所购置的价值较高、使用寿命较长的物资，包括场地费、设备购置费、开办费（如培训费、加盟费、技术转让费、装潢装修费等）。在预算房租费用时，创业者要根据当地市场行情，做租期预算（如按季、按年等）。例如，餐馆的装修要按照当地卫生防疫部门的规定来进行，否则很难获得营业执照；直接对外经销产品的加盟店，其装修还要计算货柜橱窗的费用。

（二）流动资金

流动资金是为了保证企业正常运转所准备的资金，也称为运营资金。以下项目均需要从流动资金中支出，包括产品或原材料费、人员工资与福利、保险费、水电费、电话费、网络费、材料费、广告费、维修费、物业费、运输费、外包费、不可预见的费用（罚款、盗窃、丢失）等，如果有分期偿还的借款，各期偿还本金也要计算在内。流动资金周转不灵会导致企业破产，因此，创业者要预测"流动资金持续投入期"，即没取得销售收入之前需投入多长时间的流动资金，为稳妥起见，创业初期应多准备一段时间（如3个月或半年）的流动资金。同样的创业项目，因为目标市场、经营地点、创业者对该项目的预期不同，其所需的启动资金亦不相同。

二、测算创业启动资金

下面以汽车美容店为例，说明如何预测创业启动资金。汽车美容是指对汽车外观与内饰进行彻底的清洁与保护，例如：汽车漆面处理、打蜡、改装、装饰、美化、保护等都属汽车美容的范畴。汽车美容店的初始投资可大可小，从几万元到几十万元不等，汽车美容店固定成本投入大，退出成本较高。创业者若想开一家汽车美容店，在预算阶段需考虑以下几项因素。

（一）定位目标市场是预算的基础

开一家汽车美容店的前提是创业者对该行业的深入了解，并根据自身情况、当地的消费实力，以及竞争情况确定市场定位，即主要面对的顾客群体的平均车价是多少，家庭成员的结构如何，是高知人群还是暴发户等。有了市场定位，创业者才能确定投资规模，如店铺规模、装修、人员配置、产品线、服务内容等。

（二）选址影响创业预算

选址对开店的成败有很大的影响，也是创业者进行创业资本预算时要考虑的重要因素。房租是开汽车美容店总投资的重要组成部分，最多的时候能占到总投资的50%。一般来说，以下3个地方是比较理想的开店地址：大型住宅区，车主把车开回家后就可以找专业人士把爱车打扮一新；加油站和汽修店附近，车主在加油或维修后可以顺便给车做保养；车流量比较大的公路附近。初步选址后，创业者需确定符合开店标准的门面房的最低租金。根据市场定位及周边竞争环境，创业者综合考虑开店规模之后，计算出半年的房租。

（三）环保费用也是构成预算的重要内容

汽车美容是一个特殊行业，必须在申请营业执照前由环保部门进行环境测评，这是进入汽车美容业最大的一道坎儿，开设该类店铺，环保工程与主体工程要同时设计、同时施工、同时投入使用，达到排污要求，隔油沉渣池也要合乎标准。

（四）留出充足的人员预算

创业者根据市场定位，确定人员数量及工资标准，准备好6个月的人员工资和福利，这也是投资的一部分。有了这些钱，即使再困难也能度过半年的存活期，避免出现员工流失的情况。

（五）考虑装修、设备等所需的费用

开店所需的装修、设备、材料、物资等，均可根据市场定位来确定，没有市场定位测算出的资金额是没有实际意义的。创业者需要一个精通市场行情或者开过店的老行家指点迷津，知道在什么地方可以采购到质优价廉的设备、材料等。

（六）预留运营经费

新店开张，创业者要做好3—6个月生意没有起色的准备，事先准备好充足的运转资金，如进货款等。

三、评估创业启动资金

启动资金数额应合理，如果筹资过多，可能会造成资金闲置浪费，增加融资成本，甚至可能会导致企业负债过多而无力偿还。如果筹资不足，又会影响创业者的投融资计划及业务的正常运转。因此，创业组织在进行融资决策时，要根据企业对资金的需求、企业自身的实际条件，以及融资的难易程度和成本情况，量力而行来确定企业合理的融资规模。创业者初步预估的启动资金数量的合理性还需进行多方验证。

（一）判定启动资金合理性的方法

1. 向商会咨询

调查和了解类似经营领域企业创业初期的各项运营成本，这是判定启动资金规模合理性较好的方法，创业者也可向行业商会咨询。

2. 询问供应商

在一般情况下，供应商愿意为创业者提供咨询和帮助，以获得更多的业务机会。创业者可以向多家供应商咨询设备租赁、批发折扣、信用条件、启动库存量，以及其他降低前期成本的选择，进行比较后可以判定启动资金的合理规模。

3. 网上咨询

很多创业网站都提供专家咨询和创业项目介绍，一些创业者论坛、QQ群、微信群等互动交流平台也有创业相关信息，创业者可以通过这些渠道咨询启动资金的合理规模。另外，一些报纸、期刊、网站上的与创业相关的文章和报道，也有助于创业者列出需要调查

的费用清单，估算所需的启动成本。

4. 请教专家

通过授课教师或培训机构联系相关有实践经验的专家进行咨询。

（二）减少启动资金数量的方法

在启动阶段，创业者的资金获得渠道有限，因此应采取各种方法降低成本。

1. 充分利用政府支持创业的政策

如政府的创业贷款以及各种补贴政策等。

2. 节省场地

经营场地费用往往在创业组织启动资金中占有较大比例，因此创业者可以运用一些技巧降低该笔费用。例如，可以选择住宅或商住两用房为办公或经营场地，与其他企业合租办公楼，入驻由政府补贴的孵化区，采用移动办公形式等。

3. 节省设备费用

创业者可以考虑通过网上竞拍，购买二手设备或二手办公家具，也可以租赁、团购办公设备，以降低成本。

4. 减少资金占用

在购进原材料后或在产品销售阶段，创业者应尽量减少对企业内部资金的占用，尽可能"借鸡下蛋"，当上游企业（卖方）要求创业者预付货款时，创业者应尽力谈判以实现延期支付，从而降低资金周转的压力；对于下游企业或个人客户（买方），创业者应尽力谈判以促成买方预先付款，从而实现资金提前回笼。

四、创业融资渠道的类型与选择

融资渠道主要由社会资本的提供者及数量分布决定。了解融资渠道的种类、特点和适用性，有利于创业者充分利用和开拓融资渠道，实现各种融资渠道的合理组合，有效筹集所需资金。创业融资的渠道主要包括私人资本融资、机构融资、政府背景融资、互联网融资、知识产权融资等。

（一）创业融资渠道的类型

1. 私人资本融资

创业企业具有的融资劣势，使它们难以通过传统的融资方式，如银行借款、发行债券等获得资金，所以私人资本成为创业融资的主要组成部分。国际金融公司对北京、成都、顺德、温州4个地区的私营企业调查表明：私营中小企业在初创阶段几乎完全依靠自筹资金，90%以上的初始资金都是由业主、创业团队成员及家庭提供，向银行和其他金融机构贷款的占比很小。

（1）自我融资。创业者往往将自有资金的大部分投入新创企业中，个人资金的投入对于创业企业来说具有十分重要的意义。一方面，创办新企业是捕捉商业机会、实现价值的过程，创业者将尽可能多的自有资金投入其中，可以在新创企业中持有较多的股份，创业成功后，将获得较大的创业回报，这样个人才能和资产一起在创业活动中共同创造较高的价值；另一方面，自我融资是一种有效的承诺，它告诉其他投资者，创业者对自己认定的商业机会非常有信心，对自己的新创企业充满信心，是全心全意、踏踏实实地干事业。这种信号会给其他资金持有者投资新企业一种积极的暗示，适度缓解信息不对称的负面作用，增加对新创企业投资的可能性。当然，在难以获得外部资金的情况下，自我融资虽然是一种途径，但是并不是根本性的解决方案。一般来说，创业者通过自我融资得到的资金相对有限，很难满足资金需求，尤其是那些前期投入较大的行业。

（2）向亲朋好友融资。亲朋好友是创业融资的重要来源。家庭是市场经济中的三大主体之一，在创业中能起到重要的支持作用，家庭成员和亲朋好友因为与创业者的个人关系而愿意给予投资。在创业初期，创业者往往缺乏正规融资的抵押资产，缺乏社会筹资的信誉和业绩，因此非正规的金融借贷——从创业者的家人、亲戚、朋友处获得创业所需的资金，是十分常见、非常见效的融资方法。虽然从家庭成员和亲朋好友处获得资金要相对容易些，但与所有融资渠道一样，这种融资方式也有不利的一面，创业者必须明确所获得资金的性质是债权性资金还是股权性资金，在借助这些基于传统的社会网络关系时，必须要用现代市场经济的游戏规则、契约原则和法律形式来规范借贷或融资行为，保障各方利益，减少不必要的纠纷。

（3）天使投资。天使投资是自由投资者或非正式机构对有创意的创业项目或小型初创企业进行一次性的前期投资，是一种非组织化的创业投资形式。与其他投资形式相比，天使投资是早期介入的外部资金，即便企业处于创业构思阶段，只要有发展潜力，就能获得资金，而其他投资者很少对这些尚未诞生或嗷嗷待哺的"婴儿"感兴趣。天使投资人是用自有资金以债权或股权的形式向非朋友和家人的创业者或新创企业提供资本的个体，是一种对高风险、高收益的新兴企业的早期投资。天使投资有三个方面的特征：一是直接向企业进行权益投资。二是天使投资不仅提供现金，还提供专业知识和社会资源方面的支持。三是投资程序简单，短时期内资金就可到位。天使投资人在投资决策方面看重产品和市场，更看重创业者个人，一般包括创业者的热情、可信度、专业知识、受欢迎程度和过往创业记录等，天使投资更多的是对创业者进行投资，在创业者和机会匹配的过程中，创业者的作用更大，更具有能动性。

2. 机构融资

（1）商业银行贷款。向银行贷款是企业最常见的一种融资方式，创业者也可以通过银行贷款补充创业资金的不足。我国的商业银行推出的个人经营类贷款对创业者是非常有利的。个人经营类贷款包括个人生产经营贷款、个人创业贷款、个人助业贷款、个人小型设备贷款、个人周转性流动资金贷款、下岗失业人员小额担保贷款和个人临时贷款等类型。由于创业企业的经营风险较高，价值评估困难，银行一般不愿意冒太大的风险向创业企业提供贷款。这类贷款发放时往往要求创业者提供担保，包括抵押、质押、第三方保证等。

另外，信用卡透支贷款也是商业银行融资的一种新方式。信用卡取现是银行为持卡人提供的小额现金贷款，在创业者急需资金时可以帮助其解决临时的融资困难。创业者可以持信用卡通过银行柜台或 ATM 机提取现金。创业者还可以利用信用卡进行透支消费，购置企业急需的财产物资等。

(2) 中小企业间的互助机构贷款。中小企业间的互助机构是指中小企业在向银行融通资金的过程中，根据合同约定，由依法设立的担保机构以保证的方式为债权人提供担保，在债权人不能依约履行债权时，由担保机构承担合同约定的偿还责任，从而保障银行债权实现的一种金融支持制度。从国外实践和我国实际情况来看，信用担保可以为中小企业创业和经营融资提供便利，分散金融机构信贷风险，推进银企合作，这是解决中小企业融资难题的突破性方法。从 1999 年设立试点到现在，我国已经形成了以中小企业信用担保为主体的担保业和多层中小企业信用担保体系，经过近些年的探索和规范，特别是在国家税收优惠政策的推动下，各类担保机构资本金额稳步增长。2015 年 3 月，工业和信息化部发布了《关于进一步促进中小企业信用担保机构健康发展的意见》提出，要"充分发挥中小企业信用担保机构在缓解小微企业融资困难，促进大众创业、万众创新中的重要作用，进一步促进担保机构健康发展"。

(3) 非银行金融机构贷款。非银行金融机构指以发行股票和债券、接受信用委托、提供保险等形式筹集资金，将资金用于长期性投资的金融机构。根据法律规定，非银行金融机构包括经中国银行监督管理委员会批准设立的信托公司、企业集团财务公司、金融租赁公司、汽车金融公司、货币经纪公司、境外非银行金融机构驻华代表处、农村和城市信用合作社、典当行保险公司、小额贷款公司等机构，创业者还可以从这些非银行金融机构取得借款，筹集生产经营所需的资金。

(4) 风险投资。风险投资又称为创业投资，是指投资人向初创企业提供资金支持并取得该公司股份的一种融资方式。因此，风险投资属于权益融资的一种。风险投资的投资人通常将资本投资给具有发展潜力的初创高新技术公司，在承担很大风险的基础上，为融资人提供长期股权投资和增值服务，培育企业快速成长，数年后再通过上市、兼并或其他股权转让方式退出投资，这是取得高额投资回报的一种投资方式。风险投资有广义和狭义之分，广义的风险投资泛指一切具有高风险、高潜在收益的投资；狭义的风险投资是指以高新技术为基础，生产与经营技术密集型产品的投资。从投资行为的角度来讲，风险投资是把资本投向蕴含着较大风险的高新技术及其产品的研究开发领域，旨在促使高新技术成果尽快商品化、产业化，以取得高资本收益的一种投资过程。从运作方式来看，风险投资是在专业化人才管理下，向具有潜能的高新技术企业投入风险资本的过程，也是协调风险投资家、技术专家、投资者的关系，利益共享、风险共担的一种投资方式。

(5) 创业板上市融资。创业板市场着眼于创业，是指主板市场之外，为满足中小企业和新兴行业创业企业融资需求和创业投资退出需求的证券交易市场，如美国的纳斯达克市场、英国的 AI 市场等。创业板在服务对象、上市标准、交易制度等方面与主板市场存在较大差异，创业板以成长型、尤其是具有自主创新能力的创业企业为服务对象，具有上市门槛相对较低、信息披露监管严格等特点。创业板市场具有资本市场的一般功能，能为处于创业时期饱受资金缺乏困扰的中小企业提供融资的渠道。创业板市场青睐成长性高、科技含量高，符合新经济、新服务、新农业、新材料、新能源和新商业模式特征的企业需求，适合处于成长期的中小高新技术企业选择。与主板市场相比，创业板不过分强调企业规模和以往业绩，而是强调企业要有发展前景和成长空间，这为急需资金的创业企业提供了必要的金融支持，有利于促进创业企业的发展。创业板上市不仅可以帮助创业者实现获得收益、风险投资退出等需求，还有利于创业企业提高知名度。另外，为确保上市公司的质量，创业板对公司治理结构的要求较高，要求确立产权明晰、权责明确、管理科学的现代企业制度，规范企业运作，制订严格的业务发展计划，并且有完整清晰的业务发展战略，确定核心业务范围，拥有管理技术。

3. 政府背景融资

（1）科技部科技创新基金。科技型中小企业技术创新基金是经国务院批准设立的，是用于支持科技型中小企业技术创新的政府专项基金，通过拨款资助、贷款贴息和资本金投入等方式，扶持和引导科技型中小企业的技术创新活动。根据中小企业项目的不同特点，创新基金支持方式主要有三种：贷款贴息，对已具有一定水平、规模和效益的创新项目，原则上采取贴息方式支持其使用银行贷款，以扩大生产规模，一般按贷款额年利息的50%—100%给予补贴，贴息总金额一般不超过100万元，个别重大项目可不超过200万元；无偿资助，主要用于中小企业技术创新中产品的研究、开发及中试阶段的必要补助、科研人员携带科技成果创办企业进行成果转化的补助，资助额一般不超过100万元；对于起点高，具有较广创新内涵、较高创新水平并有后续创新潜力，预计投产后市场有较大可能形成新兴产业的项目，可采取资本金投入方式。

（2）针对某个特定群体的创业基金。目前，政府，特别是地方政府，根据各地实际情况，针对特定群体推出诸多旨在鼓励人们创业的支持基金，如针对高校毕业生、留学生的创业基金，或针对就业市场的弱势群体，如下岗职工、待业青年、返乡农民工、妇女的创业基金等。中国青年创业国际计划组织就是由团中央、全国青联发起的一个旨在帮助中国青年创业的国际合作项目。中国青年创业国际计划组织的扶助对象是年龄介于18—36岁、具有创业意愿和潜力的失业、半失业或待业青年，符合条件者可以向项目办公室提出申请，寻求创业支持，项目办公室将指派工作人员、企业家志愿者与申请者联系，帮助其确定创业目标。在创业申请者提交创业计划后，由企业家组成的专家小组将对创业者进行面试评估，并决定是否为其提供创业支持。对于通过评估的青年创业者，中国青年创业国际计划组织将为其提供创业启动资金，并为其指派一名创业导师。创业导师将在为期三年的时间内为青年创业者提供创业指导和专业技术支持，帮助其走上创业成功之路。

（3）地方性优惠政策。各地政府在支持创业企业发展方面，纷纷推出诸如税收优惠、小额贷款、中小企业信用担保、创业基地建设等扶持政策，如上海针对注册开业 3 年以内的创业企业推出小额贷款担保政策，担保金额高达 100 万元，其中 10 万元以下的贷款项目可免予个人担保。同时，根据创业组织在贷款期间吸纳当地失业、协保人员和农村富余劳动力的情况，给予一定的贷款利息的补贴。对前期投资资金较大、吸纳就业效果明显的创业项目，经论证也可给予创业前的小额贷款担保支持。我国许多地区都有类似的创业优惠和扶持政策，创业者进入不同地区创业时，应关注并熟悉相关政策信息。

4. 互联网融资

随着互联网信息技术的成熟，互联网金融得到迅猛发展。互联网融资是指依托互联网信息科技，实现金融信息交换、资金融通和支付交易的融资模式。互联网融资以直接融资为主，融资方式多为无抵押、无担保融资，融资成本低且效率高。投融资双方直接对接，配置效率和资源优化水平很高。个人和企业在互联网提供信用信息或资产信息，发布融资信息，由互联网融资平台审核和评级完成后，个人和企业可以直接向投资者借贷资金或者出让资产获得资金，新型融资渠道，如 P2P 网络借贷、众筹融资、基于大数据征信的网络贷款等也成为创业企业的融资渠道。

5. 知识产权融资

（1）知识产权作价入股。股东可以用货币出资，也可以用实物、知识产权、土地使用权等可以用货币估价并可以依法转让的非货币财产作价出资，还可以用知识产权入股，但要明确知识产权作为生产要素的原则。《中华人民共和国公司法》规定，不再限制股东（发起人）的货币出资比例，无形资产可以百分之百出资，这说明股东可以以专利、商标、软件著作权等无形资产进行百分之百的出资，以有效地减轻股东货币出资的压力。

（2）知识产权质押贷款。知识产权质押贷款是指以合法拥有的专利权、商标权、著作权中的财产权，经评估向银行申请融资，这是商业银行积极探索的小企业融资途径。

（3）知识产权信托。知识产权信托是以知识产权为标的的信托，知识产权权利人为了使自己所拥有的知识产权商品化、产业化，将知识产权转移给信托投资公司，由其代为经营管理，它是知识产权权利人获取收益的一种法律关系。依据知识产权的类型，结合我国目前已有的信托案例，当前的知识产权信托包括专利信托、商标信托、版权信托等方式。

（4）知识产权资产证券化。知识产权资产证券化是发起人将能够产生可预见的稳定现金流的知识产权，通过一定的金融工具安排，对其中的风险与收益要素进行分离与重组，进而转换成在金融市场可以出售的流通证券的过程。

（二）创业融资渠道的选择

在进行创业融资渠道的选择决策时，创业者除了要考虑不同融资方式的优缺点、融资成本的高低外，还要考虑创业企业所处的生命周期阶段、创业企业自身的特征，了解采用不同融资方式时应该特别予以关注的问题。

1. 不同创业阶段融资渠道的选择

创业融资具有阶段性的特征，不同生命周期阶段具有不同的风险特征和需求。同时，不同融资渠道能够提供的资金数量和风险程度也不同。因此，创业者在融资时需要将不同阶段的融资需求和融资渠道进行匹配，提高融资工作的效率，以获得资金，化解企业融资难题。

在种子期，企业处于高度的不确定性当中，很难从外部筹集债务资金，创业者的个人积累、亲友款项、天使投资、创业投资，以及合作伙伴的投资可能是主要的融资渠道。进入启动期之后，创业者可以使用抵押贷款的方式筹集负债资金。

企业进入成长期以后，已经有了前期的经验基础，发展潜力逐渐显现，资金需求量较以前有所增加，融资渠道也有了更多选择。在早期成长阶段，企业获得常规的现金用来满足生产经营之前的资金需求，此时，创业者更多采用股权融资的方式筹集资金，战略伙伴投资、创业投资等是常用的融资方式，也可以采用抵押贷款、租赁，以及商业信用的方式筹集部分生产经营所需的资金。在成长期后期，企业的成长性得到充分展现，资产规模不断扩大，产生现金流的能力进一步提高，有能力偿还负债的本息。此时，创业者更多采用各种负债的方式筹集资金，获得经营杠杆收益。

2. 不同类型创业融资渠道的选择

创业活动在其所涉及的行业、初始资源、面临的风险、预期收益等方面有较大的不同，其所要面对的竞争环境、行业集中度、经营战略等也会有所不同。因此，不同创业企业选择的资本结构也会有所不同。高科技产业或有独特商业价值的企业，经营风险较大，预期收益也较高，创业者有良好的相关背景，较多采用股权融资的方式；传统类的产业，经营风险较小，预期收益较容易预测，比较容易获得债权资金。在实践中，创业企业在初始阶段较难满足银行等金融机构的贷款条件，在债权资金方面更多采用民间融资的方式。

编三　创新实践大赛

引例

"光影流转"项目：该项目由南京理工大学的学生团队研发，他们成功研发出首台亿像素、多模态超分辨红外探测系统。该项目在第八届中国国际"互联网＋"大学生创新创业大赛中获得了冠军。

"光影流转"项目致力于研发并推广一种基于亿像素红外智能计算成像技术的远距离宽视场智能探测感知成像系统。该系统旨在解决传统红外成像系统存在的图像像素化问题，提升对远距离弱小目标的探测精度与作用距离，打破国外高端热像仪产品的技术封锁，满足国防、安防、环保等领域的实际需求。项目采用编码孔径的思想实现图像超分辨率成像，有效解决图像像素化问题。同时，结合智能计算技术，实现对远距离弱小目标的精准探测和识别。

案例思考：

随着科技的不断进步和国防、安防、环保等领域的快速发展，我们对高性能红外成像系统的需求日益增长。特别是在夜间、雾霾等复杂环境下，远距离弱小目标的探测和识别能力成为关键。该项目可以提高国防、安防、环保等领域的探测和识别能力，保障国家安全和社会稳定。同时，可以推动相关产业的发展和升级，促进经济的可持续发展。

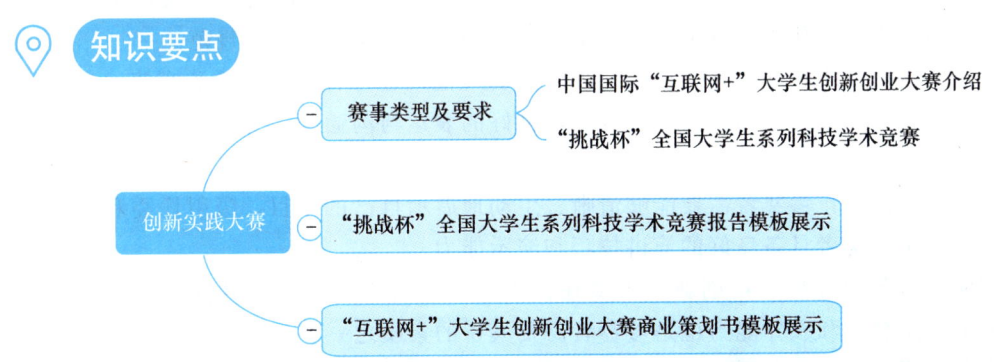

知识要点

创新实践大赛
- 赛事类型及要求
  - 中国国际"互联网＋"大学生创新创业大赛介绍
  - "挑战杯"全国大学生系列科技学术竞赛
- "挑战杯"全国大学生系列科技学术竞赛报告模板展示
- "互联网＋"大学生创新创业大赛商业策划书模板展示

创新实践大赛是一种旨在鼓励研究生勇于创新、勤于实践，提高研究生的创新能力和实践能力的赛事。该赛事服务于我国研究生教育改革发展中心，坚持"以国家战略需求为导向，以行业企业参与为支撑"的运行模式，聚焦国家急需、重点发展领域，设置主题赛事。

一、赛事类型及要求

（1）创新类大赛通常包括多种类型，旨在激发参赛者的创新思维和实践能力。以下是一些常见的创新类大赛类型：

①科技创新项目大赛：这些大赛通常涉及新的科学和技术理念，如新材料科学、生物技术、人工智能、机器学习等领域。参赛者需要有较强的技术背景和专业知识，提交创新性的科技项目。

②商业模式创新大赛：这些大赛关注如何将一个已有的产品或服务进行重新设计和市场定位，以实现商业模式的创新。适合有经验的企业家和商业策划者参与。

③社会创新大赛：这些大赛致力于解决社会问题，如教育、医疗、环境保护、贫困等领域。参赛项目需要创造社会价值，并可以带来商业模式的创新。

④数字创意大赛：这些大赛涉及数字媒体、游戏设计、虚拟现实、增强现实等领域。参赛者需要有强大的艺术和设计背景，以及数字技术的知识。

此外，还有一些具体的创新类大赛，如中国国际大学生创新大赛、"挑战杯"全国大学生系列科技学术竞赛、"互联网＋"大学生创新创业大赛等。这些大赛都设有不同的项目类型，如新工科类、新医科类、新农科类、新文科类等，涵盖了多个领域和行业。

创新类大赛的类型繁多，涵盖了科技、商业、社会、数字创意等多个领域。参赛者可以根据自己的兴趣和专长选择适合自己的大赛类型，通过参与比赛锻炼自己的创新思维和实践能力。

（2）参与创新类大赛的参赛者通常需要具备以下技能和素质：

①扎实的创新素质：参赛者需要具备创新思维和创新能力，能够提出新颖、独特的观点和解决方案。这要求参赛者具备敏锐的洞察力，善于发现问题和把握机遇。

②强大的心理素质：面对竞争激烈的比赛环境和专业评委的评判，参赛者需要具备良好的心理素质，包括自信、坚韧、耐心等。这样才能在压力下保持冷静，充分发挥自己的实力。

③认真的办事素质：创新类大赛往往要求参赛者提交详细的计划书、项目报告等文件，这要求参赛者具备认真细致的能力，确保提交的材料准确、完整、规范。

④表达与沟通能力：参赛者在比赛过程中需要与他人进行有效的沟通和交流，包括与团队成员、导师、评委等的沟通交流。因此，良好的表达与沟通能力是参赛者必备的技能之一。

⑤项目展示能力：参赛者需要能够清晰、生动地展示自己的项目，吸引评委和观众的注意力。这要求参赛者具备良好的演讲技巧和演示能力。

⑥团队合作与领导能力：创新类大赛往往需要参赛者组建团队，共同完成项目。因此，良好的团队合作和领导能力也是参赛者需要具备的素质之一。

⑦专业知识与技能：不同的创新类大赛可能涉及不同的领域和行业，参赛者需要具备相应的专业知识和技能，以便更好地完成比赛任务。

⑧勤奋学习与善于实践：创新是一个不断学习和实践的过程，参赛者需要保持对新知识、新技术的敏感性和好奇心，不断学习和实践，提升自己的创新能力和实践能力。

任务一　中国国际"互联网＋"大学生创新创业大赛介绍

一、大赛介绍

中国国际"互联网＋"大学生创新创业大赛（现已更名为"中国国际大学生创新大赛"）是一项由教育部等部门与地方政府联合主办的国家级 A 类赛事，旨在深化高等教育综合改革，激发大学生的创造力，培养造就"大众创业、万众创新"的生力军，并推动赛事成果转化，促进"互联网＋"新业态形成，服务经济提质增效升级。

大赛的内容主要包括主体赛事、青年红色筑梦之旅活动以及同期活动。主体赛事分为五大赛道：高教主赛道（"互联网＋"现代农业、制造业、信息技术服务、文化创意服务、社会服务等）、青年红色筑梦之旅赛道、职教赛道、萌芽赛道和产业命题赛道。每个赛道下又细分不同组别，一个项目只能报名参加一个赛道的一个组别。

参赛对象主要是在校学生（可跨校组队），包括大学、独立学院、高等专科学校、高等职业技术学院的学生，以及毕业 5 年内的毕业生（年龄不超过 35 岁，产业命题赛道参赛项目成员中的教师除外）。

大赛的赛制以项目团队为单位，每级赛事分为网评、路演答辩两个阶段。参赛者需要认真了解和把握新工科、新医科、新农科、新文科"四新"发展要求，合理选择参赛项目类别。

大赛还注重产教融合，推动成果转化和产学研用融合，促进教育链、人才链与产业链、创新链有机衔接。大赛可以培养参赛者的创新思维、创业精神和团队协作能力，提升他们的实践能力和创业成功率。

此外，大赛还设有丰厚的奖励机制，对获奖的参赛团队和个人给予一定的奖励和荣誉。这些奖励包括奖金、证书、学分认定、绩点等，同时为参赛者提供更多的机会和资源，助力他们实现创新创业梦想。

二、大赛目的

培养创新创业人才：大赛旨在通过提供一个实践平台，鼓励大学生积极参与创新创业实践，培养他们的创新思维、创业精神和团队协作能力，为社会培养更多的高素质创新创业人才。

推动高校教育改革：大赛的举办可以推动高校教育教学改革，注重培养学生的创新精神和实践能力，实现高等教育与社会需求的紧密对接。

促进科技成果转化：大赛鼓励参赛者将科技成果转化为实际产品或服务，推动产学研深度融合，促进科技成果的商业化、产业化。

服务经济社会发展：大赛关注国家重大战略需求，推动创新创业与经济社会发展紧密结合，通过创新引领创业、创业带动就业，服务经济提质增效升级。

提升国际影响力：大赛已经成为我国创新创业领域的一项重要赛事，吸引了全球众多高校和企业的关注，大赛可以提升我国在创新创业领域的国际影响力和竞争力。

三、优秀案例

案例一："无极电池"项目。该项目是由中国科学院大学的学生团队提出的一项创新项目，该项目旨在研发一种基于层状氧化物正极的无负极钠电池。

项目的详细介绍：

项目背景与目标：随着能源领域的发展，人们对电池性能的要求日益提高。传统电池在能量密度、成本、安全性等方面存在一定的局限性。因此，"无极电池"项目旨在通过无负极设计，提升钠电池的能量密度，同时降低制造成本，并确保工艺过程的安全便利。

创新点：该项目提出了一种基于层状氧化物正极的无负极钠电池设计。通过引入有序碳集流体以及基于含硼钠盐的醚类电解液，实现了三维的协同界面设计。这种设计使钠基无负极电池循环寿命在无额外压力下可达到数百次循环，成为无钠源的 Ah 级别电池中寿命最长的电池。

技术优势：与传统的钠电池相比，"无极电池"具有多重优势。首先，无负极设计使电池的能量密度得到了大幅度提升，超过了 200 Wh/kg。其次，通过引入有序碳集流体和含硼钠盐的醚类电解液，优化了电池的结构和性能，使电池的循环寿命更长、安全性更高。最后，该项目的制造成本较低，具有较高的市场竞争力。

应用场景："无极电池"具有高能量密度、长循环寿命和低成本的优势，因此具有广泛的应用前景。它可以应用于电动汽车、智能电网、可穿戴设备等领域，为这些领域提供更为高效、环保和经济的能源解决方案。

团队与指导老师：该项目的团队成员包括李钰琦、陈钊、李昱、芦莉、郑嘉榆、张彦雨、钟雨航等人。他们来自中国科学院大学材料科学与光电技术学院，并在中科院物理研究所接受培养。项目的指导老师包括陈立泉、胡勇胜、胡毅、宁芮可、卢全莹等人，他们在科研领域具有丰富的经验和深厚的学术造诣。

案例二："中科光芯"项目。该项目是一个专注于硅基无荧光粉发光芯片产业化应用的创新项目，由南昌大学的学生团队主导，得到了南昌大学国家硅基 LED 工程技术研究中心的全面合作支持。

项目的详细介绍：

项目背景：随着 LED 照明技术的快速发展，传统的 LED 芯片使用荧光粉来实现白光，但这种方式存在光效低、光谱不可调等缺点。硅基无荧光粉发光芯片技术，作为一种新型的光源技术，具有更高的光效和更可调的光谱，因此具有广阔的市场前景。

技术创新："中科光芯"项目采用了多基色混合 LED 芯片发光技术，实现了无蓝光伤害的高品质光源。这种技术不使用稀缺的荧光粉资源，降低了生产成本，同时提高了光源的发光效率和品质。

该项目还研发了具有自主知识产权的黄光 LED 技术，其发光效率处于世界领先地位，高于世界水平一倍以上。该技术能够有效促进人体褪黑素的分泌,加大深度睡眠比,对人体健康具有积极的作用。

产业化应用:目前,"中科光芯"项目的技术产业应用已经涵盖了户外照明、家居照明、教育照明、特种照明、农业照明等多个领域。其"无蓝光、不伤眼"的产品特性得到了市场的广泛认可,产品已经销往国内31个省份以及美国、意大利等7个国家。

团队与指导教师:该项目的负责人是赵贺琦,指导教师包括王光绪等专家。团队成员由南昌大学材料科学与工程学院和艺术与设计学院的学生组成,他们基于江风益院士团队的最新科研成果"硅基金黄光LED技术",整合供应链和行业资源,旨在打造家居健康照明"全场景"产品线和生态链。

荣誉与成就:"中科光芯"项目在第七届中国国际"互联网+"大学生创新创业大赛中获得了冠军,并荣获了多项荣誉和奖项。这些荣誉不仅是对项目团队技术创新的肯定,也是对他们未来在LED照明领域发展的鼓励和期待。"中科光芯"项目通过技术创新和产业化应用,推动了LED照明技术的发展和升级,为人们的生活带来了更健康、更环保、更高效的照明解决方案。

任务二　"挑战杯"全国大学生系列科技学术竞赛

该赛事是由共青团中央、中国科协、教育部和全国学联、地方省级人民政府共同主办的全国性的大学生课外学术科技创业类竞赛,承办高校为国内著名大学。这一赛事被誉为中国大学生科技创新创业的"奥林匹克"盛会,旨在引导和激励高校学生弘扬时代精神,把握时代脉搏,将所学知识与经济社会发展紧密结合,发现和培养一批具有创新思维和创业潜力的优秀人才。

"挑战杯"系列竞赛包括两个并列项目:

"挑战杯"中国大学生创业计划竞赛(简称"小挑"),是大学生课外科技文化活动中一项具有导向性、示范性和群众性的创新创业竞赛活动,每两年举办一届。根据参赛对象,分普通高校、职业院校两类,设有多个组别,包括科技创新和未来产业、乡村振兴和脱贫攻坚、城市治理和社会服务等。

"挑战杯"全国大学生课外学术科技作品竞赛(简称"大挑"),是一项全国性的大学生课外学术实践竞赛,每两年举办一次,旨在鼓励大学生形成勇于创新、迎接挑战的精神,培养跨世纪创新人才。

自1989年首届竞赛举办以来,"挑战杯"竞赛始终坚持"崇尚科学、追求真知、勤奋学习、锐意创新、迎接挑战"的宗旨,在促进青年创新人才成长、深化高校素质教育、推动经济社会发展等方面发挥了积极的作用,在广大高校乃至社会上产生了广泛而良好的影响。

案例一:基于物联网的智能农业灌溉系统

作品背景：随着我国农业现代化的推进，农业灌溉技术也在不断升级。然而，传统的灌溉方式仍然存在很多问题，如水资源浪费、灌溉不均匀、人工成本高等。为了解决这些问题，团队研发了基于物联网的智能农业灌溉系统。该系统结合了物联网、传感器、云计算等技术，实现了对农田的精准灌溉，大大提高了灌溉效率和水资源利用率，降低了人工成本，为现代农业的可持续发展提供了新的解决方案。

作品创新点：

物联网技术的应用：通过物联网技术，团队将传感器、控制器、执行器等设备连接起来，形成了一个智能化的灌溉网络。传感器可以实时监测土壤湿度、温度等数据，为精准灌溉提供数据支持。

云计算平台的支持：系统将数据上传到云计算平台进行处理和分析，根据农田的实际情况制订合理的灌溉计划。同时，用户可以通过手机App或网页端远程监控和控制灌溉系统，实现智能化管理。

节能环保的设计理念：该系统可以根据农田的实际需求进行精准灌溉，避免了水资源的浪费。同时，系统还采用了太阳能供电方式，降低了能源消耗和碳排放。

作品实现过程：

调研与需求分析：在项目初期，团队进行了大量的市场调研和用户需求分析，了解了当前农业灌溉的现状和问题，并确定了系统的功能和性能指标。

系统设计与开发：根据需求分析结果，团队设计了系统的整体架构和各个功能模块。然后，团队进行了硬件和软件的开发工作，包括传感器的选型与布置、控制器的设计与制作、云计算平台的搭建等。

系统测试与优化：在开发完成后，团队对系统进行了全面的测试，包括功能测试、性能测试、稳定性测试等。根据测试结果，团队对系统进行了优化和改进，提高了系统的稳定性和可靠性。

用户培训与推广：为了让农民朋友更好地使用该系统，团队开展了用户培训工作，教会他们如何使用手机App或网页端进行远程监控和控制。同时，团队还积极推广该系统，希望更多的农田能够享受到智能化灌溉带来的便利和效益。

作品成果与影响：

提高了灌溉效率和水资源利用率：通过实时监测和精准灌溉，该系统大大提高了灌溉效率和水资源利用率，节约了水资源，降低了灌溉成本。

降低了人工成本：传统的灌溉方式需要人工定时浇水，而该系统可以实现自动化灌溉，大大降低了人工成本。同时，用户可以通过手机App或网页端随时随地进行远程监控和控制，方便快捷。

推动了农业现代化进程：该系统的推广和应用有助于推动我国农业的现代化进程，提高农业生产效率和质量。同时，该系统还可以为农田管理和决策提供数据支持，帮助农民更好地管理农田。

促进了科技成果转化：该系统是科技与农业相结合的产物，它的成功应用促进了科技成果的转化和产业化发展。这也为其他科技成果在农业领域的应用提供了有益的参考和借鉴。

案例二：

项目名称：TRY时代项目，第八届"挑战杯"中国大学生创业计划竞赛作品。

作品简介：iTry是一个基于云端存储的智能手机软件应用试用下载平台。用户可以通过该平台在下载软件前进行试用，从而选择更符合自己心意的软件。该平台以移动终端为主，同时包括网页端，使用户可以随时随地享受试用下载带来的方便。这一项目的创新点在于它消除了用户对于软件质量和功能是否能满足自己需求的疑虑，提高了软件下载的针对性和用户满意度。

项目功能与特点：

提供软件试用功能：用户可以在下载前试用软件，了解其功能和用户界面。云端存储：云端存储便于用户随时随地访问和试用软件。

移动终端和网页端支持：满足用户在不同设备上的使用需求。

无须依赖软件评级和用户评价：用户可以直接通过试用来判断软件的适用性和质量。

市场潜力与应用前景：

随着智能手机和移动互联网的普及，用户对手机应用软件的需求日益增长。然而，面对海量的应用软件，用户往往难以选择。TRY时代项目通过提供软件试用功能，帮助用户做出更明智的下载选择，从而提高用户体验。因此，该项目具有较大的市场潜力和广阔的应用前景。

任务三　"挑战杯"全国大学生系列科技学术竞赛报告模板展示

作品报告

学校名称	内蒙古机电职业技术学院
作品名称	神机侦"碳"
项目负责人	王琛暄
申报日期	2023年7月

目　录

1　项目概述 ……………………………………………………………………… 8
　1.1　项目背景 ……………………………………………………………………… 8
　1.2　项目优势 ……………………………………………………………………… 9
　1.3　项目特色 ……………………………………………………………………… 10
　1.4　核心团队 ……………………………………………………………………… 10

　　　1.4.1　团队成员 ·· 11
　　　1.4.2　团队专利成果 ·· 12
　　　1.4.3　团队荣誉 ·· 12
2　市场分析 ··· 13
　2.1　市场现状 ·· 13
　2.2　市场痛点 ·· 13
3　技术创新 ··· 14
　3.1　解决方案 ·· 14
　3.2　核心技术 ·· 14
　　　3.2.1　全国首创三轴倾转无人机 ··· 14
　　　3.2.2　植被智能识别分析系统 ··· 16
　　　3.2.3　AI分析碳汇技术 ··· 17
4　商业模式 ··· 18
　4.1　营销理念 ·· 18
　4.2　主要业务与推广 ··· 18
　4.3　培训与服务 ·· 19
　4.4　营利模式 ·· 19
　4.5　发展规划 ·· 19
　4.6　社会贡献 ·· 19
5　财务分析 ··· 20
　5.1　成立公司 ·· 20
　5.2　融资计划 ·· 20
　5.3　营业预算 ·· 21
6　风险管理 ··· 21
　6.1　风险分析 ·· 21
　　　6.1.1　经济风险方面 ·· 21
　　　6.1.2　技术风险方面 ·· 21
　6.2　风险退出 ·· 22
　　　6.2.1　撤出方式 ·· 22
　　　6.2.2　撤出时间 ·· 22
附录1：专利 ··· 23
附录2：获奖荣誉 ·· 26
附录3：合作协议 ·· 26
附录4：应用案例 ·· 27

1 项目概述

1.1 项目背景

　　森林、草原是陆地生态系统中重要的组成部分,具有碳汇的功能,在缓解气候变暖、中和二氧化碳排放等方面有着天然的优势。近年来,国际社会多次签署全球气候协议,对今后的林草碳汇发展提出了新的要求,同时我国提出了碳达峰碳中和的国家战略目标,林草碳汇惠及领域进一步扩大。在市场经济条件下,森林碳汇经济价值的高低对于森林碳汇项目的顺利开展起到决定性的作用,因此,探究林草碳汇经济价值影响因素及潜力,成为缓解气候变暖、达成碳达峰碳中和目标的重要主题。

图 1-1　碳达峰碳中和的国家战略

　　传统林草生物量调查分为采伐法、平均木法及异速生长方程法。采伐法通过直接砍伐树木并称量其干重得到,该方法对林区具有极大的破坏力。平均木法仅适用于林木大小相同或相似的林区生物量估算。异速生长方程法是利用较易量测的树高、胸径及冠幅等林分结构因子反演目标林木的生物量的方法,需要消耗大量的人力、物力、财力。遥感卫星的出现在一定程度上节省了森林清查的成本,通过多光谱或高光谱、高分辨率、SAR(合成孔径雷达)等遥感影像进行林草生物量的反演已有广泛研究。近年来,随着无人机的快速发展,民用无人机从航拍到航测已经得到了成熟的发展,在地理测绘、林业、水利工程、土木工程等专业方向上得到了大量的研究与运用。无人机因其高效、快速、分辨率高等优点在提取林分结构因子等方面具有明显优势,利用无人机影像数据处理、提取林草数量、冠幅、树高已得到广泛应用与认可。

图 1-2　无人机林草应用

1.2 项目优势

　　项目依托内蒙古自治区唯一入选的"中国特色高水平高职学校"立项建设单位(内蒙

古机电职业技术学院），聚焦绿色能源低碳创新发展，面向内蒙古自治区绿色能源技术变革和产业优化升级方向。项目依靠学校打造的电力自动化技术、无人机技术、生态修复技术等专业组成的电力自动化技术中国特色高水平专业群培养出的高层次技能人才库资源，努力构建新型能源高技能人才团队，为解决能源绿色低碳转型提供能力支撑。

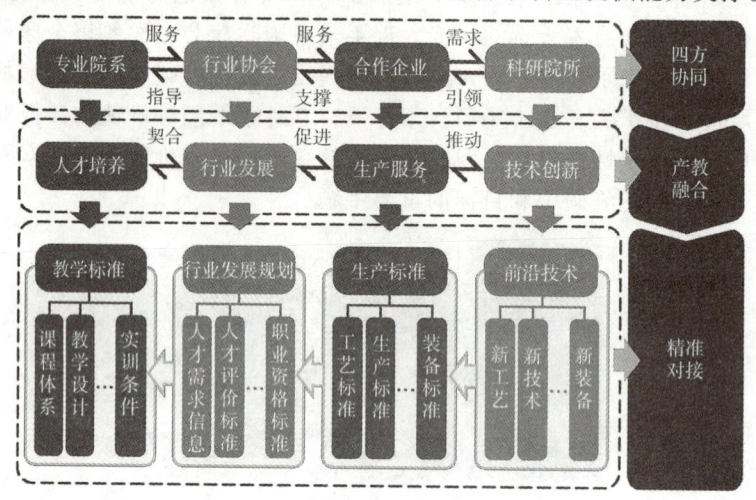

图 1-3　中国特色高水平专业群人才培养模式

项目依托国家级示范性职业教育集团，与内蒙古农业大学、内蒙古森工集团、内蒙古蒙草集团等院校、企业打造多企业协同、多技术集成的林草碳汇协同创新平台，创新"产教融合、校企合作"的模式，形成产学研融合发展的技术转移模式，为内蒙古自治区产业结构调整、行业技术进步提供支撑引领，成为引领行业技术创新的重要阵地。

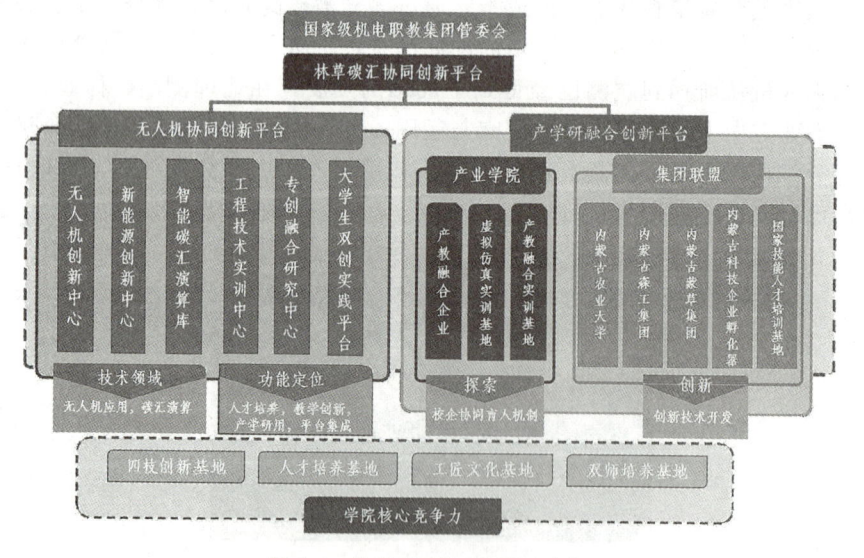

图 1-4　林草碳汇协同创新平台

1.3　项目特色

内蒙古自治区林草资源丰富，林草碳汇成为北方生态系统碳汇潜力的重中之重。团队创新无人机勘测技术、林草智能识别技术、碳储量大数据技术一体化解决林草碳汇实际难题。在技术技能服务中，团队形成执着专注、精益求精、一丝不苟、追求卓越的"工匠精神"；在研发创新中，团队大力弘扬"创新精神、劳模精神、劳动精神、工匠精神"，激励更多青年学子走技能成才、技能报国之路。

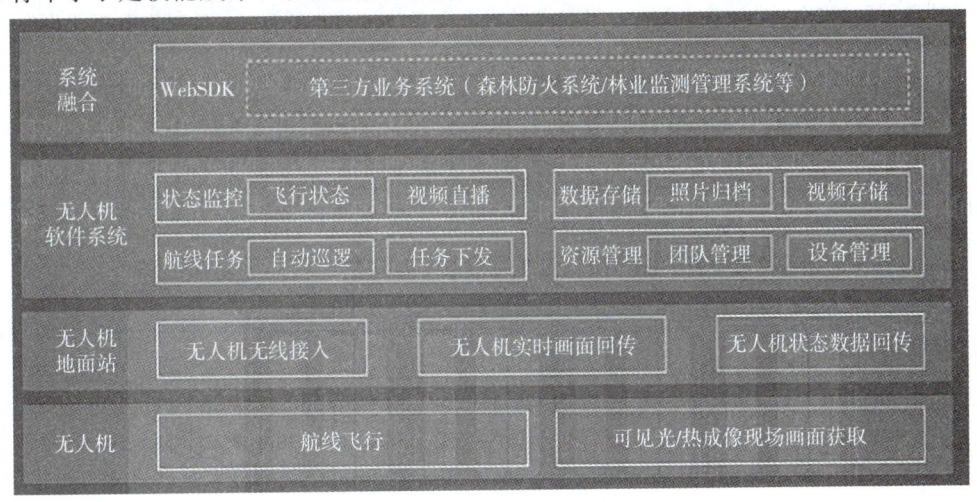

图 1-5　无人机林草碳汇监测

1.4　核心团队

"神机侦碳"团队来自内蒙古机电职业技术学院，团队核心成员来自无人机测绘、生态修复、电气工程、大数据、财务等专业，研发能力强，富有创业激情。2022年，团队成立，与内蒙古农业大学赵鹏武教授一起进行森林生态系统长期定位研究，团队致力于传承"工匠精神"，助力"双碳"目标实现，主要围绕林草碳汇监测，集技术开发、成果转化、技术服务于一体，着力推进"碳中和"背景下生态产品价值化技术创新、技术积累和社会服务，提升数字化林草碳汇监测飞速进步，促进数字化林草碳汇监测市场蓬勃发展。

1.4.1　团队成员

王琛暄	职务	项目负责人
工作职责	1. 公司法人，制定公司发展战略，发掘碳汇市场机会，领导创新与变革，并和技术人员共同研发。 2. 定期了解经营战略和计划执行情况、资金运用情况和盈亏情况、机构和人员调配情况及其他重大事宜，具有决策权。 3. 前期进行筹备资金，保证公司运转，中期寻找合作公司，后期进行招商引资，最终实现上市。	
李娜、闫璐、毕航淇	职务	市场负责人

续表

工作职责	1. 制订年度营销目标计划，对消费者购买心理和行为进行调查。 2. 负责对竞争产品的性能、价格、销售等信息的收集、整理和分析。 3. 负责根据客户需求来选择服务平台，达到客户满意的效果，增加订单量和合作公司。 4. 通过校企合作、线上推广、SEO优化、百度竞价进行业务拓展。针对需要个性化定制的个体客户进行业务拓展。
杨振业、张永旭、王亨	职务　　　　技术负责人
工作职责	1. 负责建立和完善产品设计、产品建模、产品打印、标准化技术规程，监督有关生产部门建立和完善设备、质量、安全的管理标准及制度。 2. 负责公司新技术的引进和产品开发的计划、实施。确保产品品种不断更新和扩大，认真做好技术图纸，负责制定严格的技术资料交接、保管、保密制度。 3. 负责指导、处理、协调和解决产品出现的技术问题，确保生产工作的正常进行。
郭瑞斌、闫秀河	职务　　　　财务负责人
工作职责	1. 往来款项月末对账、清理。（月末完成应收/应付，预收/预付，其他应收/其他应付往来科目的清理工作） 2. 后勤管理，进出历史数据的存档，出入材料的管理和统计。（技术更新需要的资金报告，耗材使用情况，设备维护费用、新设备的购置费用） 3. 团队成本核算。（每月工资核算、每月收入、每月支出的统计、宣传部门花销）
董树青	职务　　　　运维负责人
工作职责	1. 负责维护客户。（主要负责成交客户的反馈，进行总结） 2. 负责服务平台的维护。（统计客户需求，成交量） 3. 负责产品生产后的运出和反馈，团队服务平台的维护。

1.4.2 团队专利成果

团队在无人机、智能识别、林草碳汇等方面，申请国家发明专利2项。[1]一种三轴倾转固定翼无人机控制系统［2023104324973］和［2］一种三轴倾转固定翼无人机［2023104324583］。团队申请及授权实用新型专利4项，[3]基于无人机图像分析的植被资源评估系统［2023208948721］、［4］一种SLM3D打印机用辅助装置［ZL2022 21523995.6］、[5]一种碳排放数据监测无人机［2023208948079］、[6]一种无人机操控实训设备［202320539992X］，详见附录1。掌握无人机林草碳汇监测的核心技术。

1.4.3 团队荣誉

团队凝练"思创融合、专创融合、科创融合、赛创融合"创新创业教育模式，获得2022年高职院校创新创业教育特色典型案例。团队深耕技术创新和工艺优化，在各类大赛屡创佳绩，获得国家级奖5项，内蒙古自治区特等、一等奖10余项。获得2022年第十七届"振兴杯"全国青年职业技能大赛创新创效专项赛全国二等奖；获得2022年电子产品设计与制作技能大赛国家三等奖；获得2022年华北五省（市、自治区）大学生机器人大赛三等奖（详见附录2）；获得2022年第八届中国国际"互联网＋"大学生创新创业大赛国家铜奖。

| 第八届"互联网+"内蒙古选拔赛金奖 | 内蒙古TRIZ创新理论二等奖 | 华北五省国赛三等奖 | "挑战杯"内蒙古自治区一等奖 |

图 1-6 团队荣誉

2 市场分析

2.1 市场现状

2021年10月26日国务院印发的《2030年前碳达峰行动方案》指出加强生态系统碳汇基础支撑。依托和拓展自然资源调查监测体系，利用好国家林草生态综合监测评价成果，建立生态系统碳汇监测核算体系。目前，我国林草植被总碳储量高达885.86亿吨，内蒙古自治区林地、草地、湿地总碳储量为105.49亿吨，占全国林草湿碳储量的11.91%，位居全国第二位。2020年，全区林草湿碳汇量为1.19亿吨，占全国林草湿碳汇量（12.61亿吨）的9.44%，位居全国第一位。在我国民用无人机市场中，农林类无人机占比高达41.5%，我国民用无人机市场增幅显著，2025年可达2000亿元。2020年—2030年碳汇无人机市场将持续上升，碳汇无人机市场总增长约26.3亿元。

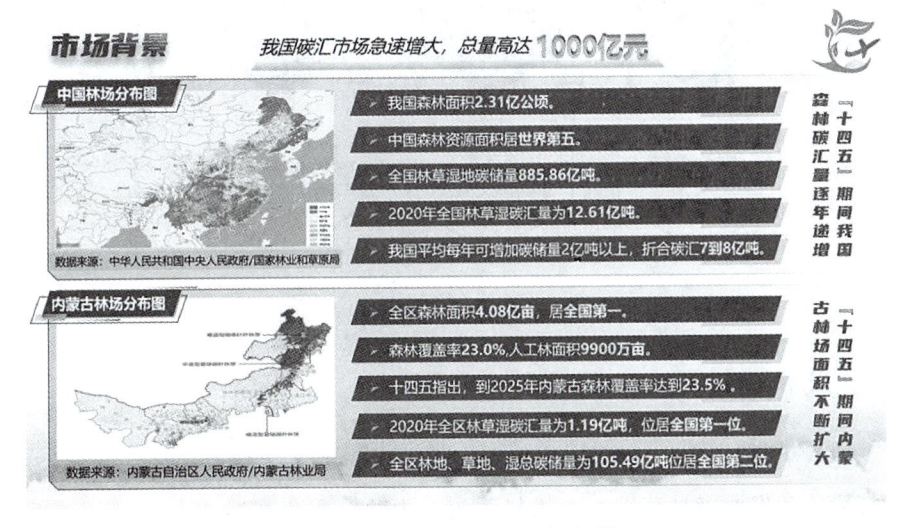

图 2-1 我国林草碳汇市场规模

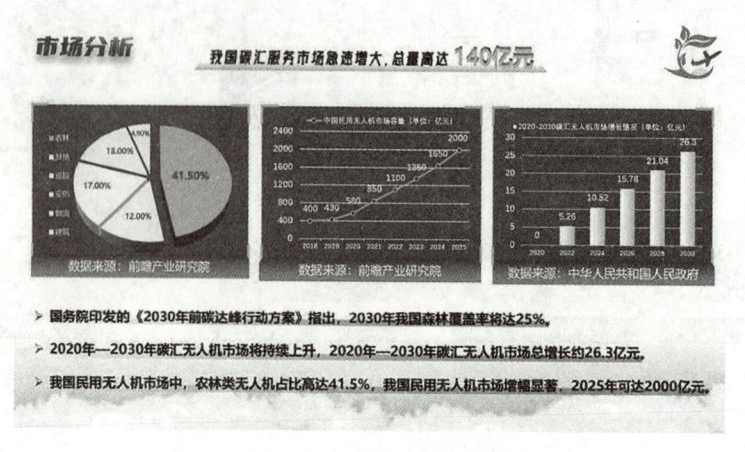

图 2-2　我国碳汇服务市场规模

2.2　市场痛点

目前，传统的生物量调查手段依赖人工清查，需要消耗大量的人力、物力、财力，成本远大于调查的实际意义。遥感反演林草生物量存在数据不全、质量低、价格昂贵且处理复杂等问题，在精确度、经济性、实用性等角度均不利于市场化应用推广。林草勘测无人机续航时间短，勘测范围受限，无法满足森林勘测的大规模需求。植被碳汇量计算数据不全，无法做到精准多树种计算，从而影响碳达峰目标的实现。

图 2-3　我国碳汇无人机市场痛点及机遇

3　技术创新

3.1　解决方案

团队打造一款专业级林草碳汇无人机系统，力争在无人机垂直起降及超长续航技术、林草识别系统和固碳量计算等方面实现突破，使我国森林碳测水平达到"空—天—地"一体化技术标准。

3.2 核心技术

3.2.1 全国首创三轴倾转无人机

三轴倾转固定翼无人机兼具直升机和固定翼无人机的优点,不仅拥有垂直起降和空中悬停的功能和独特方式,而且其机动性更高,所需起降范围更小。我们在传统倾转翼无人机的基础上,用倾转式舵机代替传统的铰接式旋翼,可以在实际运用中使其性能更加强大。

倾转固定翼无人机采用三旋翼构型,无人机上安装三个可倾转旋翼。倾转三轴固定翼无人机在旋翼模式下,旋翼位于机翼的前方,有效避免了旋翼和机翼间的干扰,同时尾部增加一副螺旋桨使其垂直起降更加稳定。

我们通过 C4D 进行三维模型建模,制作出一种新型的 Y 倾转固定翼无人机。该无人机通过两侧和后面的倾转电机进行倾转来实现固定翼和旋翼,转换多旋翼飞行模式和固定翼飞机飞行模式,从而达到飞行目的。每一个旋翼都通过单独的倾转机构带动倾转,而倾转机构直接由倾转舵机驱动,不需要额外的舵机安装座。这种方式的倾转,舵机可以直接带动旋翼倾转至少 90°,而且每一个倾转机构均可单独倾转,还可根据飞行状况,倾转不同角度,机动性和抗风性非常强。

前排两个旋翼可以向前、向后倾转至水平位置,可以提供升力和推力;后面一个旋翼也可以前后倾转,在悬停时提供升力,并改变无人机航向。其中,前排两个螺旋桨采用两叶桨,尾部螺旋桨采用三叶桨以提供足够升力,并保持整体的操纵性、稳定性。

三轴倾转无人机打破了传统复合翼尾部双倾转动力冗余问题,提升了续航能力。我们的创新在实际工作应用场景中得到了真正的考验,出色的飞行表现受到用户一致好评。

无人机具有多种飞行模式,人们可根据实际测量续航需要,合理分配动力。总体布局如图 3-1 所示。

图 3-1 模型图

倾转结构固定翼无人机整机重量不大,且无人机采用电机驱动,所以我们提出了利用舵机来倾转旋翼和电机的倾转系统方案,无人机结构包括电机、旋翼、倾转舵机、倾转系统安装杆、电机安装座、倾转轴。舵机通过连杆带动倾转轴转动,进而带动电机和旋翼倾转。因倾转轴在电机中部,所以倾转系统需要的倾转力矩较小。

全倾转无人机的执行机构有无刷直流电机、倾转舵机、副翼舵机、方向升降舵机。前侧旋翼电机选择 DYF 一款 U3525 型号，KV 值为 580 的无刷直流电机。螺旋桨全部采用 13 英寸螺距为 6.5 的双叶桨。在 22.2V 的工作电压下，拉力可达到 4780 克。前电调输出电流为 80A。舵机采用 25 千克的银燕舵机，工作电压为 6V/7V，可产生 22kg·cm/25kg·cm 扭矩，无负载时偏转速度可达 0.15s/60 度和 0.13s/60 度，对应转角 60 度。如图 3-2 所示。

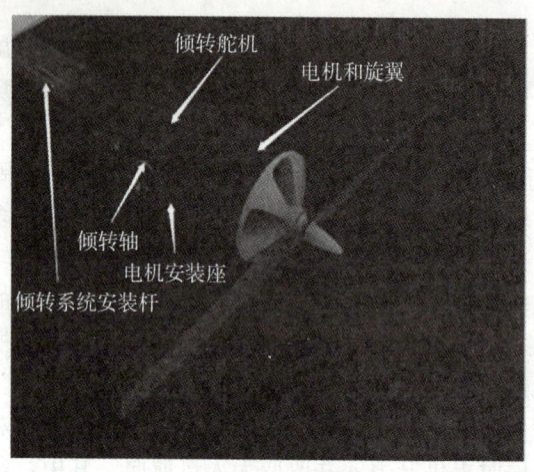

图 3-2 舵机图

无人机在启动、上升、巡航、下降的过程中，负载功率需求随着工况的变化而变化，负载功率变化曲线如图 3-3 所示。

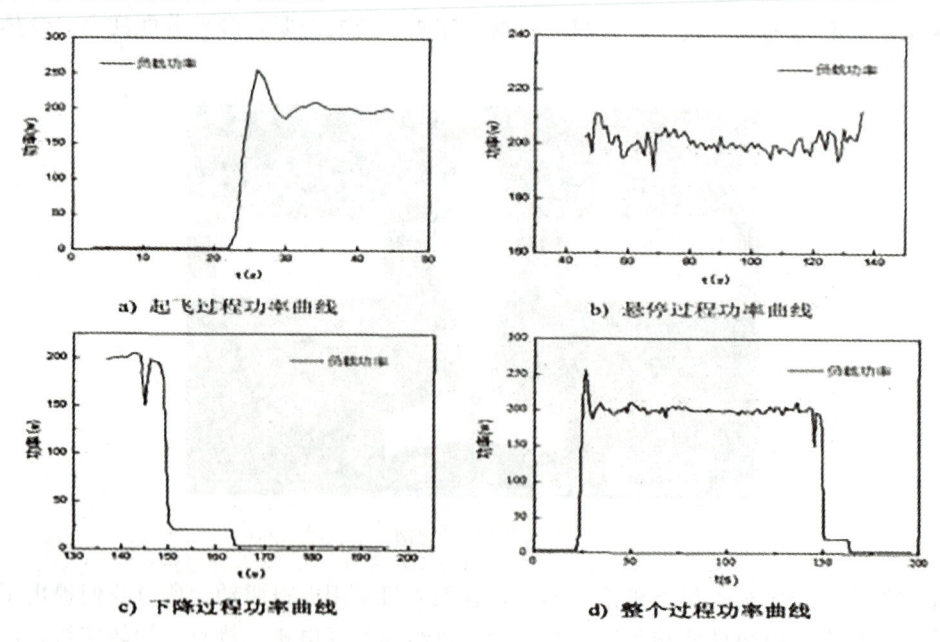

a) 起飞过程功率曲线

b) 悬停过程功率曲线

c) 下降过程功率曲线

d) 整个过程功率曲线

图 3-3 功率图

为了实现机身轻量化，无人机内部采用复合材料为填充物，加强外部强度，采用玻璃纤维、碳纤维、环氧树脂。

在机翼结构设计上，无人机采用了复合材料典型的"三明治"结构。复合材料的强度高，可在很轻的重量下满足较高的强度和刚度要求。我们分析了机翼在工作时的受力，机翼的上表面主要受压，材料失效的形式主要是碳纤维与EPS内核离层；下表面主要受拉，失效形式主要是碳纤维断裂。机翼上表面采用了刚度较高的M40J碳纤维，机翼下表面采用了抗拉强度较高的T800碳纤维，并在最大弯矩处设碳带来加强。

3.2.2 植被智能识别分析系统

轮廓基于拓普结构，扫描联通组件最外层，从外到内一层一层扫描，最后建立一个几何形状拓普树形结构。

一个轮廓一般对应一系列的点，也就是图像中的一条曲线。通过寻找轮廓的API，对图像进行轮廓的寻找。轮廓检索模式，就是将二值图像返回，通过RETR_EXTERNAL这个参数，只检测最外层轮廓，再将检测到的轮廓返回。RETR_EXTERNAL是一个最简单的，也是经常被使用的一种方法，它不需要关注图像内部情况，只对外部的轮廓进行提取。如图3-4所示。

图3-4 轮廓提取

第一参数是目标图像，就是经过轮廓发现的图像。第二参数就是在FindCountours中得到的轮廓数据，是需要用一个Point类型的数据去存储的。第三个参数表示绘制的第几个点。本文中绘制的是第i个点。第四个参数是表示，在绘制轮廓时使用到的颜色，如何给定颜色，就是通过给定RGB三个通道的不同的值，来确定颜色，本文用到的是红色，它的RGB各个通道的值为（0，0，255）。第五个参数是表示线宽的，也就是在绘制轮廓时，使用的线条宽度是多少。绘制结果如图3-5所示。

图3-5 绘制轮廓

目前，图像智能识别技术在包括一般图像、制造行业、农业、工业、高新技术、生物识别等众多领域的研究中已经取得一定的成效。图像智能识别的研究，致力于通过优化算法提升识别准确度和速度。

求取的弧长和面积都是基于轮廓发现，发现轮廓以后就可以对所发现的轮廓进行弧长和面积的计算，发现的轮廓是一系列的点，每一个点都有一个相对的长度，如果所有的点形成一个闭合的区域就还会产生一个面积，每一个几何图形都有一个相对的中心位置，弧长和面积都是基于像素单位，经过换算才能得到实际的测量单位。

设定一个几何形状，需要向它逐次逼近。假设用折线连起来，拟合成一个指定的形状。可以用 approxPolyDP 的 API，对于超出拟合形状的点，可以舍去。在 approxPolyD 的 API 中，contour 是集合的轮廓，是一个接收输入的一个量，epsilon 是 API 中的一个可以上下调节的阈值，这个阈值越小越接近真实的形状。

对于一个图像来说，像素的大部分信息都保存在图像的边缘位置，如果要对图像进行准确的检测与识别，那么准确地找到边缘是非常重要的，也是边缘检测与分割的重要依据，边缘检测针对的对象就是灰度图像，它可以对灰度图像进行边缘变化的检测和定位。操作过程如图 3-6。

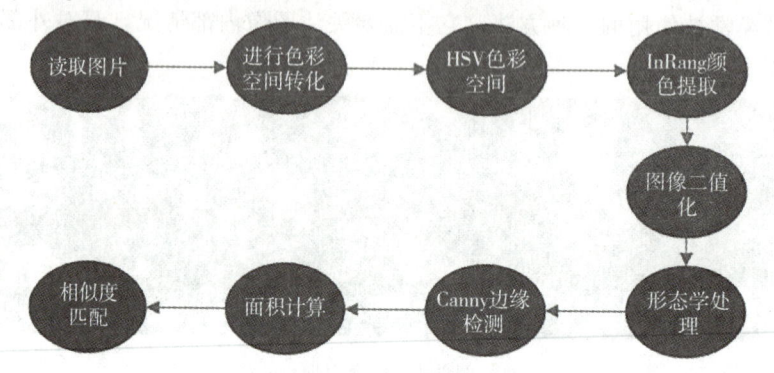

图 3-6 图像提取操作过程

我们在理想的二值图像之上，对它进行轮廓的发现和边缘检测可以有效地提取出林草的轮廓，并计算出森林植被的面积和周长。在 Opencv 中，我们可以对二值图像的轮廓进行发现，将图片转换到 HSV 的色彩空间中以后，提取有用的数据，利于目标分割，从而精准计算区域内树木数量、识别树种，如图 3-7 所示。

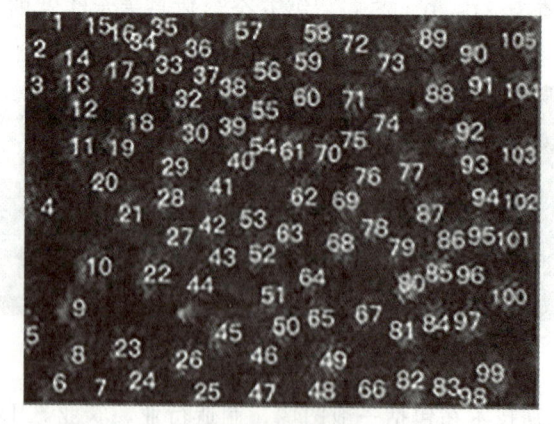

图 3-7 树种识别

3.2.3 AI分析碳汇技术

通过无人机提取层高模型，根据单木、合并木样本冠幅投影面积、表面积建模，最终构建树林植被地上生物量的无人机反演模型实测得出树林植被的碳转换系数，结合生物量的估算结果进一步估算研究区域树林地上碳储量。AI分析碳汇相较于人工采样估算，计算数据精准了近7倍！

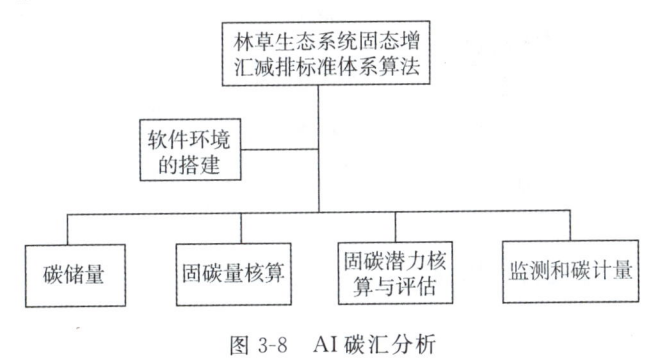

图 3-8　AI碳汇分析

团队与内蒙古林业科学研究院、内蒙古农业大学林学院和内蒙古蒙草生态碳汇科技有限公司深度合作，建立"林草碳汇超市"。

种类	碳储量	占比
草地	2.1pg C	14.01%
灌丛	3.4pg C	22.68%
柠条	5.185/hm^2	—
＊＊＊	＊＊	＊＊

图 3-9　林草碳汇超市

4　商业模式

4.1　营销理念

团队将以用户和客户满意为中心，以创造社会价值、服务生态文明为导向，以整合团队的人才优势、平台资源优势和技术优势为手段，以用户和客户的具体需求为最终的出发点和落脚点，为用户和客户提供专业化、经济性、可操作、可信赖的价值体验，构建统一、完整、美好的团队形象，始终为用户和客户提供深入全面的碳汇技术及配套服务，为绿色环保事业而奋斗，实现社会、政府、团队、客户的"多赢"局面。

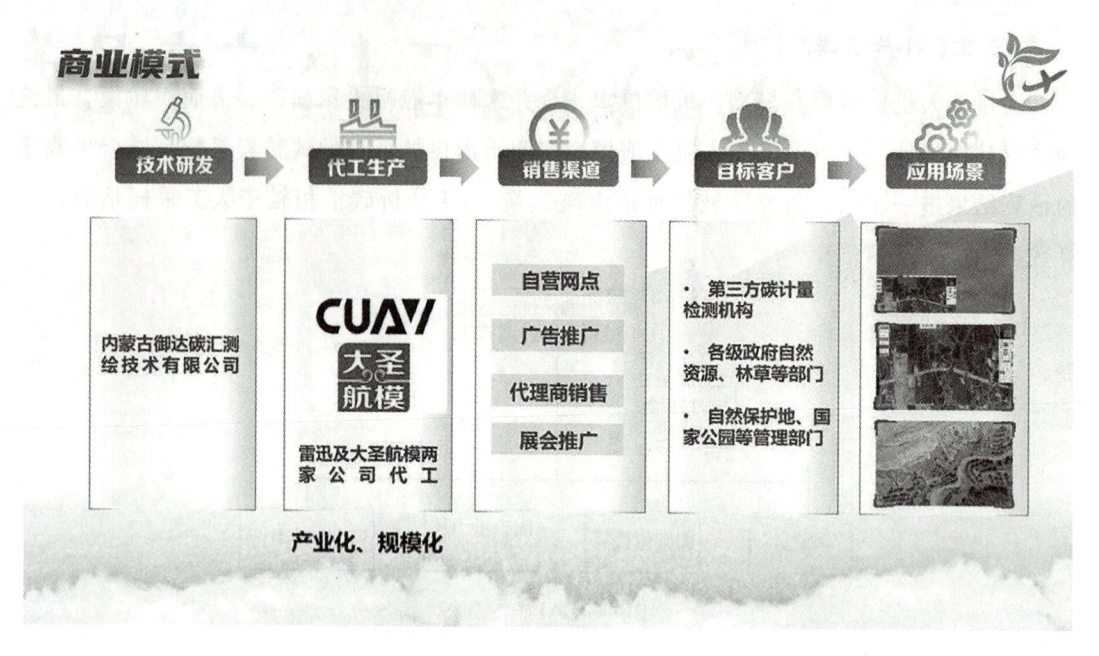

图 4-1　商业模式

4.2　主要业务与推广

公司的业务主要是以产品为导向。公司通过在全国市场范围内搜集碳汇市场信息，结合公司的生产技术能力，参与项目的招投标，待竞标成功后，根据客户的需求形成最终的产品订单。公司的技术部门根据订单完成产品的研发和技术的指导，生产部门按照订单要求，在规定的时间节点内完成产品的制造和质量的检测。最终由对应项目的负责人完成与客户的对接，在交付合格产品后完成产品项目的汇款。团队与多家公司签订代加工合同，对无人机部分外观零部件代加工生产，满足了客户的需求。公司采用自营、代理商和网络平台销售相结合的方式，促进项目销售推广。公司与内蒙古蒙草生态碳汇科技有限公司等内蒙古自治区碳汇行业龙头企业达成合作意向。

4.3　培训与服务

公司与内蒙古电子科技协会等多家技能培训机构合作，从无人机维修、碳汇系统应用、碳储量计算等多方面多维度对碳汇项目人员进行专业培训，对购买碳汇服务的公司人员进行一年免费业务培训。

4.4　营利模式

公司现有的营利模式是为客户提供专业化的碳汇无人机定制化解决方案的测绘服务，售卖成套成品碳汇无人机、无人机配件，以及对无人机驾驶员进行培训和提供无人机维修售后服务。

图 4-2　营销模式

4.5　发展规划

团队 2023 年成立公司，并与多家企业签订技术服务合同。打造以工匠精神为引领的林草碳汇企业品牌，招商引资，预计销售额达到 200 万元。2024 年，公司在与内蒙古自治区森工集团、蒙草集团等企业合作发展的基础上，向中小微企业等推广加工服务。公司在内蒙古自治区建立 3 个代理渠道进行体验式服务，预计销售额达到 500 万元。2025 年，公司在外省设立代销合作伙伴，作为重点地区开展外延扩展，与内蒙古自治区政府部门进行政校企合作，在碳汇发展较先进城市的市郊设置网点，逐步向全国推广，占据林草碳汇市场，预计销售额达 1 000 万元。

4.6　社会贡献

团队注重对具有创新创业意识和能力的高技能复合型人才的培养，注重团队传承性、协同发展性发展，在带动就业与创造社会效益方面有较大贡献。团队自成立以来，积极对接内蒙古农业大学、内蒙古航天六院、内蒙古森工集团开展产教融合和技术服务，团队注重工匠培养，近三年培养 100 多名高技能创新人才。团队成员就职后以工匠精神投入工作，企业反响良好。至 2025 年，预计直接带动就业 300 余人，正式员工 100 余人，校内外实习岗位 200 余人，间接带动上下游企业就业 3 500 余人。

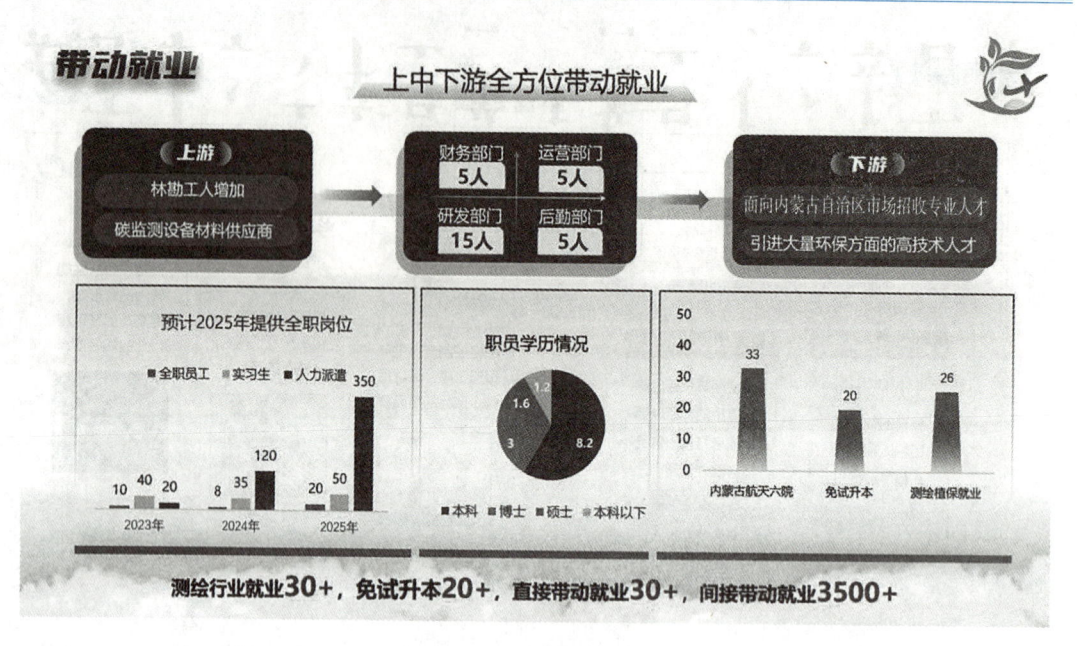

图 4-3　社会服务

5　财务分析

5.1　成立公司

2023 年 6 月，团队成立内蒙古御达碳汇测绘技术有限公司，法人王琛暄，注册资本人民币 100 万元。其中法人占 60%，核心团队占 40%。公司营业执照如图 5-1 所示。

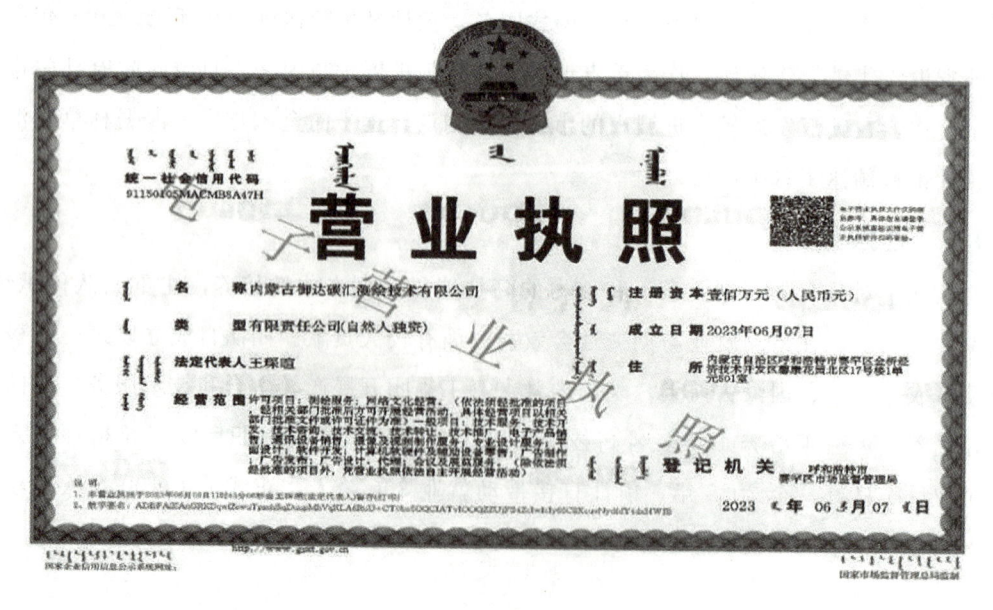

图 5-1　成立公司

5.2 融资计划

2024年团队负责人拟通过创业补助、银行贷款自筹300万元，核心团队自筹100万元。释放20%股权，融资100万元，其中森工集团投资50万元，蒙草集团投资50万元，股权分配合理。融资计划如图5-2所示。

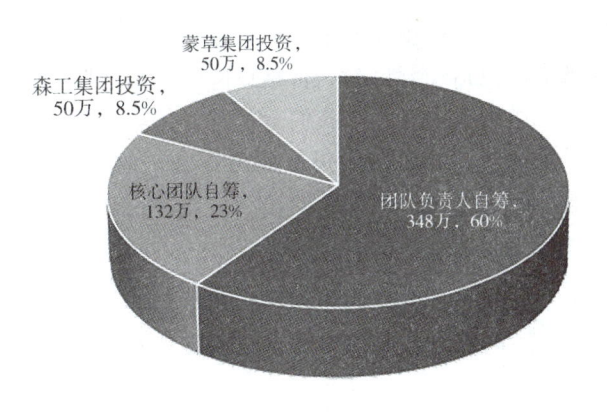

图 5-2　融资计划

5.3 营业预算

截至2023年，团队交易额近200万元，2024年预期交易额达500万元，2025年团队预期交易额达1 000万元，净利润接近50%。如图5-3所示。

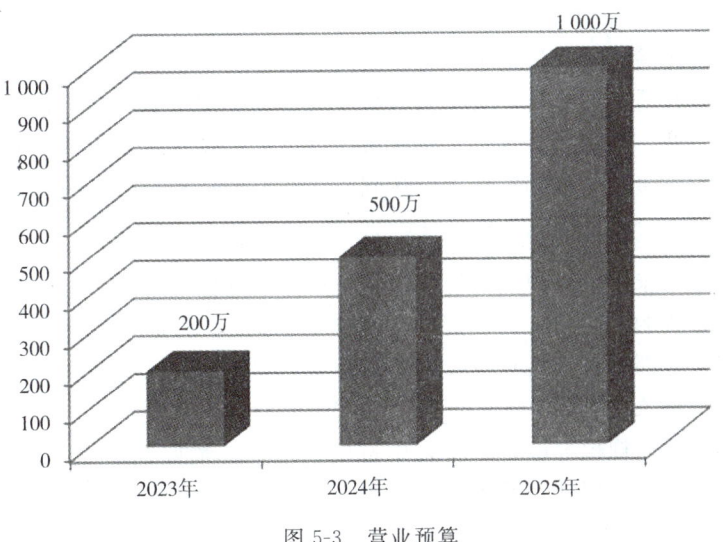

图 5-3　营业预算

6 风险管理

6.1 风险分析

6.1.1 经济风险方面

在项目的经营管理过程中,不可预知的个人行为或团体行为、经营管理不善、市场因素变化等会引起一定的风险,包括经营风险、价格风险、利率风险和通货膨胀风险等。

解决方法:若合伙人想撤出投资资金。我们会根据合伙人的顾虑、所担心的问题对合伙人进行疏导、解释,尽量挽留。若合伙人仍想撤出资金,他们需要交出所持有的股权,并按合同书上面所规定的条款,支付一定比例的违约金。

6.1.2 技术风险方面

平台是由在校大学生自己创建及维护的,无论从技术角度还是经验角度,与专业的技术及管理人员相比存在着一定的差距,因此存在着一定的技术风险,如系统故障等引发的风险。

解决方法:我们会通过对在校大学生的技术与修养两方面进行提升来改善。

6.2 风险退出

风险资金退出的成功与否关键取决于业绩和发展前景。

6.2.1 撤出方式

风险资本的退出是风险资本回避风险、收回投资并获取收益的关键,退出方式有很多,如股票上市、股权转让或回购、破产清算等。我们考虑本公司的特点,采用向银行长期贷款的方式比较适合,使公司可以收回资金,外加丰厚的利润及光辉业绩、良好的口碑,以吸引更多的风险资本家进行下一轮的投资。

具体做法是,在适当的时候,公司向银行争取一笔长期贷款,从中提取约定金额一次性支付给风险投资商,撤出风险投资。这样做,可以在风险投资退出的同时调整公司的资产负债比,使公司资金结构更趋完善,以达到资源充分合理利用的目的。

6.2.2 撤出时间

一般来说,公司未来投资的收益价值高于公司的市场价值时,是风险投资撤出的最佳时机。因此,从撤资的时间和公司发展的角度考虑,第 3—5 年时,公司经过了导入期和成长期,已经完成一部分新产品和相关产品的开发,发展趋势很好;同时,公司在国内的市场树立了良好的形象,产品有了一定的知名度,此时退出可获得丰厚的回报。考虑本公司的投资回收期、公司规模等综合因素,引进的风险资本最好在 3—5 年撤出。若想进一步扩大公司规模,可以另拟计划筹集资金。

附录1：专利

发明专利两项

[1] 一种三轴倾转固定翼无人机
［申请号］2023104324973

[2] 一种三轴倾转固定翼无人机
［申请号］2023104324583

实用新型专利

[专利号] ZL 2022 2 1523995.6

[3] 基于无人机图像分析的植被资源评估系统

[申请号] 2023208948721

[4] 一种 SLM3D 打印机用辅助装置

[5] 一种碳排放数据监测无人机
[申请号] 2023208948079

[6] 一种无人机操控实训设备
[申请号] 202320539992X

附录 2：获奖荣誉

2022 年华北五省（市、自治区）大学生机器人大赛三等奖

附录 3：合作协议

同内蒙古贞胜科技有限公司签订碳汇无人机技术应用合作协议

同内蒙古电子科技协会签订碳汇系统应用培训协议

同呼和浩特市同捷测绘有限责任公司签订技术服务合同

附录4：应用案例

案例1：欧洲投资银行贷款黄河流域沙化土地可持续治理项目

案例2：乌兰察布市兴和县万头肉羊养殖项目林地可行性报告

案例3：国道335线科布尔至乌兰花段公路工程

案例4：内蒙古北联电能源开发有限责任公司铧尖露天煤矿首采区一期工程使用林地现状

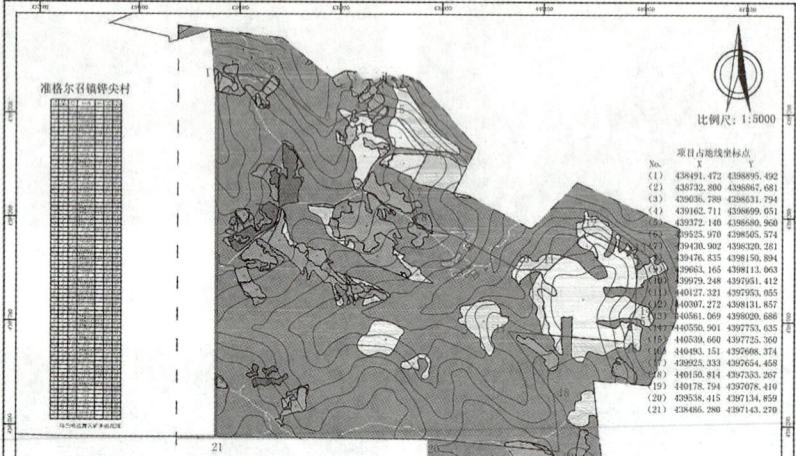

内蒙古北联电能源开发有限责任公司铧尖露天煤矿首采区一期工程
使用林地现状图

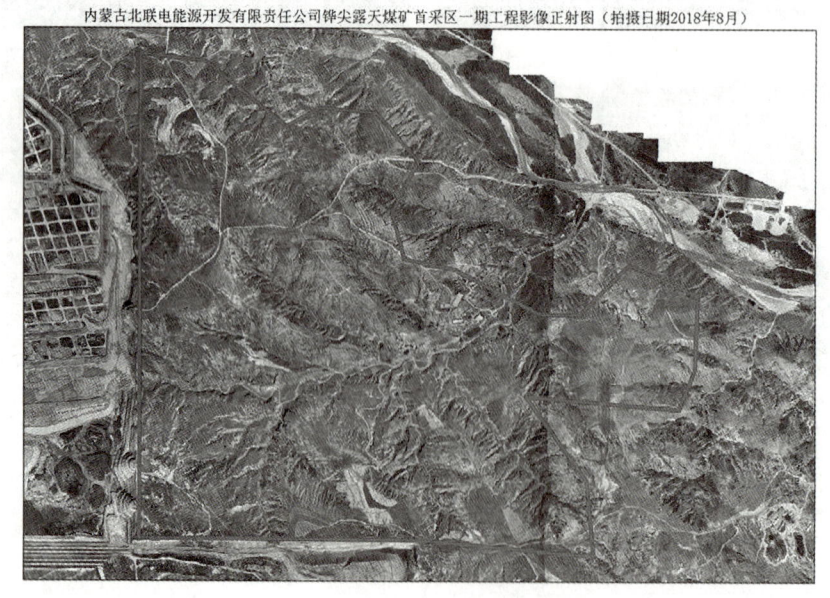

内蒙古北联电能源开发有限责任公司铧尖露天煤矿首采区一期工程影像正射图（拍摄日期2018年8月）

案例5：达拉特旗物华煤炭有限责任公司煤矿首采区二期与二采区工程使用林地现状

达拉特旗物华煤炭有限责任公司煤矿首采区二期与二采区工程使用林地现状图

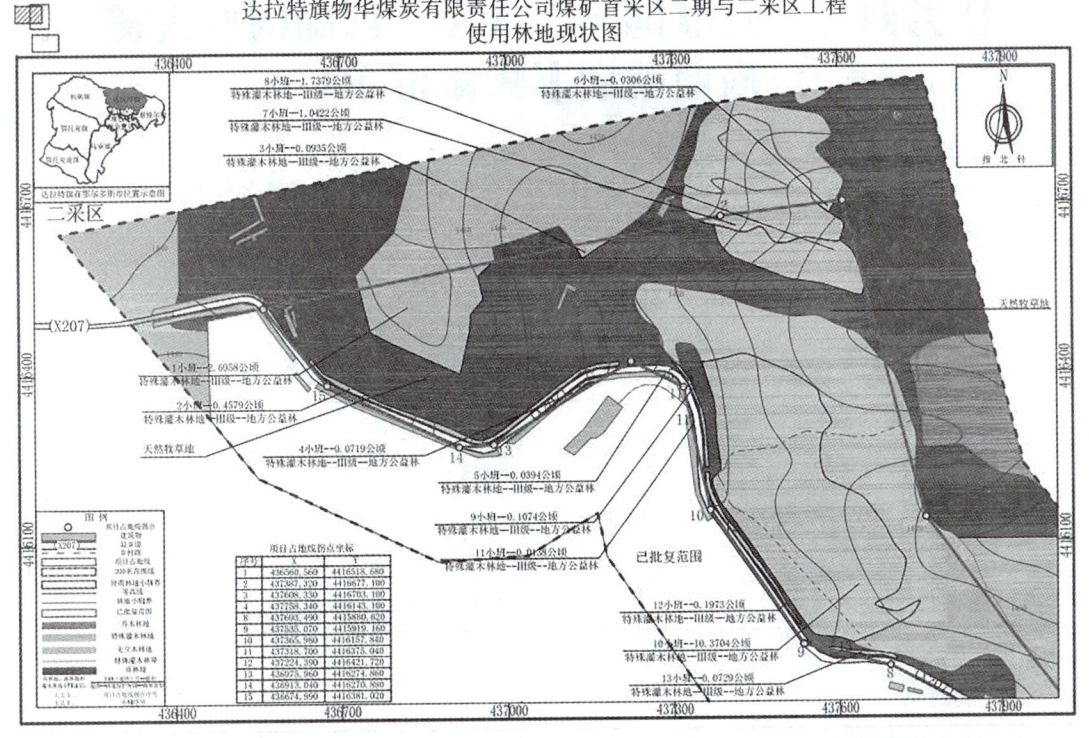

达拉特旗物华煤炭有限责任公司煤矿首采区二期与二采区工程(拍摄日期2019年6月)

任务四 "互联网+"大学生创新创业大赛商业策划书模板展示

项目名称	天马巡空——四旋翼倾转电力巡检无人机
参赛组别	职教创意组
项目类型	职教赛道—创新类
所属高校	内蒙古机电职业技术学院
选题方向	机器人、无人机工程
项目负责人	郭瑞斌
联系电话	138＊＊＊＊3954
团队成员	毕航淇、王琛暄、赵辰凯、田军、李波、杨琨、张永旭、李镇洋、张智屹、毕书淼、郭伟、张富旺
指导老师	李竟达、郭娜、范哲超、鲁珊珊、石琨

商业策划书

项目概要

十四五期间将核准开工10交10直线路，预计十四五期间特高压总投资3 000亿元，年均600亿元，线路长度将从2019年的28 352千米增长到40 825千米。在这期间，全国电网预计总投资3万亿元，随着国家特高压输电线路长度的增加，未来无人机巡检将会成为市场刚需，电力巡检无人机市场规模将接近40亿。

相关统计显示，目前我国变电站数量超2万座，全国297个地级市大概有配电站30万座。要实现无人机巡检100%全覆盖，巡检无人机的需求量将会达到40万架。

无人机作为输电线路巡视的重要手段之一，已开展常态化作业，逐步形成"机巡为主，人巡为辅"输电线路巡检新模式。然而，不断增加的输电设备数量与运维人员不足之间的矛盾日益突出，输电线路运检队伍面临总量缺员和结构性缺员并存的严峻局面。无人机巡检智能化程度不高，难以支撑输电巡检发展要求。无人机在高压线路巡检、油气管道巡检方面仍有很大的发展空间。

经过市场调研，我们总结出了现有巡检过程中的一系列弊端：其一，人工巡检工作，效率低，风险大；其二，传统巡检无人机无法倾转，脱困能力差；其三，无人机易撞线。对比现有巡检机动辄大几万的价格，我们的售价占优明显，功能与续航时间也远超友商。

本项目具有以下创新维度：

1. 倾转结构：首创舵机同轴倾转模式，摒弃了传统单电机倾转模式，无人机稳定性与遇险脱困能力显著提升。倾转飞行可保证加速飞行时机身不倾斜，减小飞行阻力，增加续航时长。增加了新的飞行可控变量，为设计更加复杂而有效的控制算法提供了空间，有更大的控制潜力可以挖掘。同时，可控变量个数多于系统运动自由度，因此整个飞行系统有着更强的容错率。

2. 球形护罩：采用碳纤维材质，硬度高不易磨损。采用模块组合方式，在保证便携的同时增加了一定弹性，在机身与线路发生碰撞时，可将无人机回弹，无人机仍可正常飞行，这样就避免了无人机撞线造成经济损失。

本项目拥有实用新型专利一项，在申专利一项。

商业维度：

团队同内蒙古电力（集团）有限责任公司、内蒙古超高压供电局、内蒙古科电电气有限责任公司达成合作意向，无论是市场、资源、人才，还是经营能力、技术水平等都得到了提高。团队与三家公司相互之间沟通交流，弥补不足，借助他人的品牌和市场不断扩大发展，科学合理地流转资源。本团队与这三家公司合作有很重要的意义，不仅会使我们的产品售出产生利润，还会给我们更多的资金支持去做产品研发。团队预计未来与国家电网、南方电网等电力企业达成合作，采用三位一体的营销模式，通过售卖无人机、设备以及相关技术人才的租赁、消耗品的售后进行营利。

团队维度：

团队师资力量雄厚：对内配备5名指导教师，都在科技研发方面获得过相应的奖项证书，大赛经验丰富。团队教师多次荣获国家级奖项，对团队各方面的进展给出了宝贵意见。三位专家顾问，均在无人机领域有自己独到的见解，在无人机技术方面提供强有力的支持。团队方面，以负责人为首成立了三大部门，各成员分工明确，能力互补，契合度高。项目在技术、财务和营销方面都有条不紊地进行着。有三名成员拥有四级无人机驾驶证。

教育维度：

专创融合：建成无人机实训基地两所，开设无人机综合应用技术、无人机安装与调试等课程十四门，开设创新思维、创新实践、TRZI理论等课程十门，带动百余人开展创新创业实践。多学科交融：将无人机知识与电力系统自动化、电气自动化知识加以融合，开展交叉课程，达到各专业领域的融会贯通，提高思维能力。以赛促创：鼓励学生参加每年举行一次的创新创业比赛，为社会提供具有创新思维、勇于创业的高质量复合型人才。

目　录

1　项目概述 ··· 1
　1.1　项目的产业背景和市场竞争环境 ··· 1
　1.2　目标客户群体 ··· 3
　1.3　SWOT 分析 ··· 3
　1.4　目前运营情况及发展目标 ·· 6
2　项目背景分析 ··· 7
　2.1　背景分析 ··· 7
　　2.1.1　价值主张 ··· 8
　　2.1.2　客户关系 ··· 9
　　2.1.3　收入来源 ··· 10
　　2.1.4　关键业务 ··· 11
　　2.1.5　核心资源 ··· 12
　　2.1.6　重要合作伙伴 ··· 15
　2.2　市场发展战略 ··· 16
　　2.2.1　市场定位 ··· 16
　　2.2.2　服务定位 ··· 17

  2.3 研发方向·· 18
  2.4 竞争对手分析·· 22
3 营销策略··· 24
  3.1 市场调研分析·· 24
  3.2 STP 战略··· 26
  3.3 产品创新··· 27
  3.4 新增功能··· 28
  3.5 价格策略··· 28
  3.6 推广策略··· 29
4 财务分析··· 30
  4.1 公司股本结构·· 30
  4.2 融资方案··· 30
  4.3 财务报表··· 32
  4.4 风险资金退出策略··· 36
5 创业管理团队·· 37
  5.1 团队介绍··· 37
  5.2 组织框架及分工·· 39
  5.3 团队优势··· 40
  5.4 团队荣誉··· 41
  5.5 团队精神··· 43
6 教育维度··· 45

项目名称
天马巡空——四旋翼倾转电力巡检无人机

1. 项目概述

1.1 项目的产业背景和市场竞争环境

  2020 年 2 月，国家电网设备部下发了《关于印发 2020 年设备管理重点工作任务的通知》，提出要"加大输电线路巡视无人机推广应用力度"与"推进输电线路通道可视化建设"。该政策出台后，电力系统企业纷纷开始布局无人机巡检作业。本团队将无人机线路巡检作为落脚点，在充分分析市场各自需求的情况下，我们自主研发制造符合当前市场前景的无人机以及无人机硬件设备，旨在为客户打造个性化、一体化服务。

  2010—2020 年，全国 220 千伏及以上输电线路长度逐年增长。有数据显示，截至 2020 年全国 220 千伏及以上输电线路回路长度 79.41 万千伏。比 2019 年同比增长 4.6%。

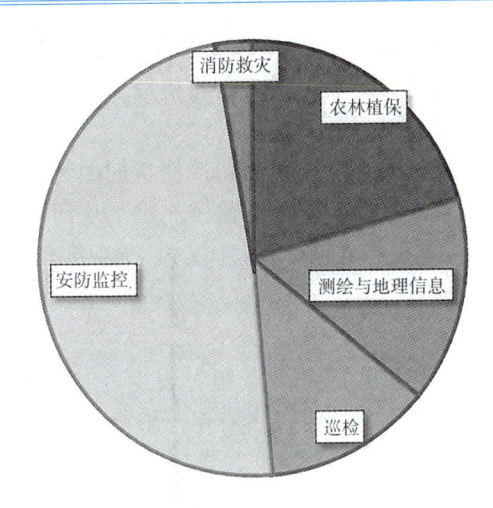

2019年无人机市场应用占比

以2019年的数据为例,农林植保占比为30.7%;测绘与地理信息、巡检、安防监控及消防救灾,占比分别为22.61%、18.76%、7.19%及3.98%。

我国电力巡检无人机以接近50亿元的市场规模,成为民用无人机发展的重要支柱。随着我国电力装机总量的不断增加以及输电线路长度的增加,巡检工作对于维护区域电网的安全、稳定运行越来越重要。受输电线路跨区域分布、点多面广、所处地形复杂、自然环境恶劣等因素的影响,传统的人工巡检所花时间长、人力成本高、巡检难度大。电力巡检无人机作业可以大大提高输电维护和检修的速度和效率。电力巡检无人机能够很好地代替人力进行输电线路的巡检工作。随着我国能源需求量的不断增加,未来我国输电线路的长度将会进一步增加,电力巡检无人机具有庞大的需求市场,发展前景可观。预计电力巡检行业会有20万的市场容量,市场潜力很大。

1.2 目标客户群体

我国电站数量规模庞大,智能电力巡检设备发展空间广阔。据相关统计显示,目前我国变电站数量超2万座,全国297个地级市大概有配电站30万座。电力设备智能运维可以节约故障维修费用,提高设备使用寿命。

我们的目标客户有国家电网、内蒙古电力(集团)有限责任公司、中公电网、中国南方电网、中国电建以及中国能建。其中国家电网在2019—2021年规划中提到,到2021年要实现无人机巡检100%全覆盖,巡检无人机的需求量将会达到40万架,与此同时,巡检无人机的操控人员、维护人员缺口高达10万人,出售无人机桨叶、电池等消耗品市场潜力巨大。

1.3 SWOT分析

✧优势:

可倾转旋翼/四轴H形机身为线路巡检中设计的各种复杂而有效的飞控算法提供了载体,使整个飞行系统拥有更高的容错率。机身设计为一种新型的四轴H形,每组旋翼可以前后倾转,保证无人机在工作中,各种巡检可以安全稳定地工作。无线充电技术的使用,使无人机在巡检过程中电量不足时,无须返航。我们采用模块化,并运用防护罩,在避免无人机与线路发生碰撞的同时，使无人机可保持长时间续航。气压定高、光流定高，使无人机在飞行过程中更加稳定。新增无线充电与仿地飞行功能大大扩大了无人机巡检的范围，巡检效率提高了近7倍。

倾转结构加球形外壳以及无线充电技术的加持使我们的无人机更加符合市场的需求。

校内开展无人机技术培训，所以人才储备比较充足。从团队组成方面来看，我们有更年轻的成员，在创意方面不断进行创新，并且更善于倾听市场的声音，能满足顾客的需求。

✥ 劣势：

本项目在建设初期，资金有限，服务网点相对较少，对市场的反馈处理得不够及时，且定位在一个相对较小的细分市场上，市场占有率不够高。

✥ 机会：

无人机市场热度高涨，其应用场景得到跨越式发展的根本原因在于技术、安全、品种的革新。行业用户需求的爆发式增长极大地丰富了无人机的应用场景：营销的简单化，在大数据的利用下，我们能更好地掌握市场的动态，从而加快市场营销；模式的多元化，从实体店营销模式到网络营销；对象的精确化，电子营销平台可以利用大数据进行更加有针对性的营销。

保持优势还要注意以下四点：

· 巡检无人机知识的普及以及市场需求量的增加。

· 在互联网时代下，营销的简单化在大数据的利用下能更好地掌握市场的动态，从而加快市场营销模式的多元化。从实体店营销模式到网络营销模式，对象精确化，并通过电子营销平台，利用大数据进行更加有针对性的营销。

· 目前电力巡检市场规模大，团队产品完美贴合行业需求，解决市场痛点，具有良好前景。

· 政策导向强，目前智能电力巡检拥有国家政策支持。接下来五年的经济社会发展的主要目标是：经济保持中高速增长，主要经济指标平衡协调，发展质量和效益明显提高；创新驱动发展成效显著。

✥ 威胁：

消费者在一项全新的创新产品或服务推出时，不能及时了解其性能、质量等，往往心存疑虑而持观望态度。同时，由于惯性消费心理的作用，消费者对新产品有一种本能的排斥。

· 来自供应商的恶意抬价。

· 还有其他产品公司施加的压力。

· 其他公司资金充足，对其产品大力宣扬，会对我们的产品宣传有一定影响。

· 同行恶意竞争，广告打压。

1.4 目前运营情况及发展目标

——初创期

战略目标：立足呼和浩特市，将产品打入市场，以校企联合的模式，促进公司持续发展。

技术研发：产品上市后，资金流入，对硬件及配套技术进行持续的更新迭代升级。

市场推广：联合高校、市政电力部门、电商物流企业等进行渠道开发及推广工作。

校企联合：主要围绕本地的各大高校，将团队研发的巡检无人机与高校实验室进行合作投放，辅助高校在无人机教学、实验等方面活动的开展。

团队建设：将团队人员规模扩大到 50 人，其中 40% 为高水平研发人员。

——成长期

战略目标：公司快速发展，无人机产品系列扩充，开拓市场，增加用户黏性。

技术研发：收集用户反馈信息，对巡检无人机的不足加以改进。

市场推广：市场向全国范围进行拓展，进一步提升产品的市场份额。

团队建设：对团队核心人员进行股权激励，持续引进高水平研发人才。

——成熟期

战略目标：公司持续稳步发展，占领并巩固市场份额，横向扩充企业的产业链。

技术研发：由以往的产研销模式过渡到以技术指导、服务顾问、数据分析指导引领的无人机综合服务企业，强化公司产业链在无人机领域的领先地位。

市场推广：深化全国市场拓展的同时，促进更多其他领域的客户进行深度合作。

团队建设：扩大公司市场营销人员的规模，引进财经技术人才，建立财务部。

2 项目背景分析

2.1 背景分析

2.1.1 价值主张

✧社会价值维度：

· 我们在初创期直接带动就业 50 人，间接带动就业 20 人。

· 第三年进入成长期直接带动就业 280 人以上，间接带动就业 150 人。

· 第五年将踏入成熟期直接带动就业 600 人以上，间接带动就业 300 人。

· 高质量岗位：降低工人劳动强度和工作难度，同时最大限度地消除工人巡检线路时的安全隐患，改善其工作环境。

☆改革巡检方式：给巡检行业带来巨大变革，从巡检线路的规划、设计到实施，对与此相关的各个行业都有冲击。

☆迎合碳中和：该巡检无人机的设计迎合了世界绿色低碳发展的理念，响应了国家可持续发展战略。

☆引领电力企业：带领国内电力行业向国际先进水平看齐，并为社会人员提供就业岗位。

☆社会服务：培训学生学习无人机相关知识，设立"1+X"无人机证书培训单位。

✧经济效益：

☆以往巡检一处线路最少需要 4 到 5 人，在巡检无人机诞生后，巡检一处线路仅需 2 人，而且在耗时方面是人工巡检的一半以下，大大提高了工作效率。

☆用无人机的成本相对于用人的成本要低很多，我们经过改进后，设备仪器都得到了很好的保护，尤其是在天气恶劣的情况下，使损失降到最低。在人工以及设备使用方面，我们创造了成本经济效益。

☆电网已经覆盖到了各个省，这其中涉及了非常广阔的市场，而且高效率的巡检可以使发电厂与用户之间的各种消耗减少。

☆无人机给巡检行业带来巨大的变革，从巡检线路的规划、设计、到实施，对与此相关的各个行业都有冲击，其能降低人工巡检的成本，将带动相关行业的技术革新和发展，从而推动社会经济的发展，提高国民生产总值，为实现奋斗目标贡献力量。

2.1.2 客户关系

我们团队秉承客户至上、诚心服务的理念。随着无人机的售出，公司的知名度会得到很大的提高。用户收到无人机后可申请专业培训，培训与销量捆绑，无其他杂费，而其他购机量未达到培训指标的用户会收到非常详细的使用手册，还可以通过官方客服获取详细的操作视频，一对一教学，或者申请真人一对一视频。公司用诚挚的服务对客户进行教学，务必包教包会。

用户对我们的评价：飞机飞行很稳定，操作简单，使用时有安全感；图像画面清晰，巡检效率高，巡查范围广；飞到天上有辨识度，能够很快知道具体位置。

产品的卓越性能会让合作公司及用户对我们产生信任感，在使用感受上，无人机的巡检效率提高了10倍，购买费用降低了60%，巡检成本降低了80%，质量优等率更是达到了惊人的99%，给了用户较好的消费体验。

项目	售价	功能
标配	20500	少
高配	40000	多
定制化服务		根据需求定制

2.1.3 收入来源

我们的收入来源包括：无人机售卖收入，占总收入的40%；无人机的租赁收入，占总收入的30%；无人机驾驶技术培训班收入、无人机修复技术培训班收入、无人机易损及可更替零件收入、个人服务收入、无人机管理安装收入，占总收入的20%；无人机无线充电平台安装收入等，占总收入的10%。

2.1.4 关键业务

☆在关键业务方面，因为有技术的支持，我们将开拓三位一体的营利模式。

☆提供巡检无人机外包服务，相关技术人员外聘，将工作人员与飞机共同包出按时收费。

☆提供巡检无人机操作技术服务，为了完全施展无人机的全部性能，最大化地提升无人机的使用效率，我们将在技术方面给予客户帮助。

☆提供巡检无人机产品维修服务，一些不确定的问题可能会对无人机造成一定程度的损坏，所以本项目对在一定期限内出现问题的无人机予以维修。

为了避免出现一些重大电力巡检问题，我们团队将提供全天24小时的售后服务，为顾客及时解决问题。我们还提供巡检无人机易损及可升级零件销售服务，对于无人机内部一些细小零件的损坏或者仪器失灵的问题，我们将进行售后服务。

2.1.5 核心资源

✧人力资源：包括我们团队的各位指导老师、团队核心成员，各位指导老师均有丰富的比赛经验。

✧技术资源：包括和我们合作的技术团队，还有一项实用新型专利、一项在审专利。

✧财务资源：包括团队核心资源的投资、设备研究场地，在创业初期，学校可能会提供帮助，各大银行会给予大学生最大限度的创业贷款。

✧社会资源：包括国家政策对无人机的大力引导，目前社会对发展无人机有好的政策，支撑着我们研发无人机；以及现在社会对无人机市场的需求，无人机潜在市场很大。

✧核心技术

传统无人机的结构可以简单地将其划分为固定翼无人机、旋翼无人机以及各种新结构无人机。固定翼无人机有续航时间长、运动速度快、运动范围大等优势，但不能垂直起降或者空中悬停。旋翼无人机虽续航时间相对较短，但可以垂直起降或者空中悬停，这使它可以执行多种多样的复杂任务而受起落条件影响较小。同时，旋翼无人机的动力学模型相较固定翼无人机更为简单成熟。近几年，随着信息技术的发展，倾转固定翼无人机慢慢进入市场，以速度快、可悬停、升降方便而著称，但是多旋翼无人机一直没有颠覆性改变。本项目选用旋翼无人机中最为经典的四旋翼无人机类型进行开发研究，它是一个耦合的、欠驱动的非线性系统。传统多旋翼无人机因为旋翼不可倾转，因而必须先倾转机体姿态，才可以产生特定方向力的作用。本项目研究的新结构无人机通过倾转旋翼即可实现相同的效果，保持了巡检搭载平台的稳定性和高效性。

针对所提出的新结构，四轴可倾转旋翼无人机获得动力学模型和运动学模型。优化模型，进行仿真试验并加以验证。为了解决传统旋翼无人机的动力问题，机体结构被设计为H形机架，同时每组旋翼可以前后倾转。

我们团队优化了该无人机的飞控算法，解决了倾转后扭矩分配不均的问题，设定了平滑性和能量消耗两种代价函数，实现了优化。还解决了倾转后扭矩分配不均飞机侧飞等问题，提高了飞机飞行形态抗干扰能力，实现多种飞行模式多种飞行状态的操纵控制，并采用了 PID 线性控制。PID 在飞行器控制中应用最为广泛，因为基于这种方法的控制器设计不依赖于精确的动力学模型，控制器参数可以根据实际的飞行控制效果进行调整。因此，PID 也是倾转旋翼机飞行控制研究和应用的最主要算法。基于传统的 PID 算法，我们也尝试了其他线性控制算法，并应用于倾转旋翼机控制，包括最优控制、鲁棒控制、模型预测控制等。最优控制是现代控制理论的常用方法，它比经典的控制方法更具有优越性。基于模型的非线性控制，我们还采用了滑模变结构控制，在飞行控制领域的应用也比较广泛。针对倾转旋翼机飞行过程中可能出现的舵面卡死等突发故障问题，并基于滑模理论，我们设计了具有容错能力的控制器。我们团队提出一种分数阶的滑模控制方法，基于分数阶微积分理论设计了滑模面，并设计了一种具有二阶滑模特性的新型快速趋近律，弥补了传统趋近律收敛时间长、速度慢、抖振严重等不足。为了提高倾转旋翼机飞行稳定性以及系统鲁棒性，我们采用自抗扰控制技术分别设计了全飞行过程各个模态下的姿态控制器，并通过控制仿真对比分析了所设计的控制器的鲁棒性等。增量式非线性动态逆方法因为计算效率更高，取得了不错的控制效果。基于此算法原理，我们设计具有内外环结构的倾转旋翼机控制器，倾转旋翼的气动干扰问题涉及旋翼、机身、搭载件等多个方面，其中倾角切换时桨叶间气动干扰最为严重，而新结构四轴可倾转旋翼无人机解决飞行中切换倾角带来的非线性控制动力分配和气流扰动问题，增强了无人机的稳定性，使整个飞行系统有更强的容错能力，保证了巡检中贵重仪器设备的安全运行。

2.1.6 重要合作伙伴

我们同星空科技、绘宇测绘、天科农华三家企业达成合作意向。三家企业在市场、资源、人才、经营能力、技术水平等方面都得到了提升。我们开阔视野，相互之间沟通交流弥补不足，借助他人的品牌和市场不断进行发展，科学合理地流转资源，在设备租赁、劳务付出、材料供应等方面平等合理地分配。与我们合作的公司还有国家电网、内蒙古电力（集团）有限责任公司、内蒙古超高压供电局、内蒙古科电电气有限责任公司等。本团队与这几家公司合作是有重要意义的。

2.2 市场发展战略

本项目于2021年成立，我们开始学习无人机相关知识，学习TRIZ理论发明创造，解决痛点，攻克技术难点，成功研发产品并制造产品。到2022年，搭建无人机巡检产业链，建立生产服务一体化平台，全面深入市场，扩大品牌影响力，我们对产品进行检验、试飞工作，确保产品稳定性。进行线路巡检测试，产品投入使用。未来，我们逐渐稳定国内市场，与国内各大电力公司达成合作，普及无人机巡检模式，把握"一带一路"，发展海外贸易，开辟新行业市场，进一步增强品牌影响力，站稳国内市场，进军国外市场。

2.2.1 市场定位

无人机巡检的内容较多，具体涉及故障巡检、正常巡检以及特殊巡检等。进行故障巡检期间，我们按照相应的故障信息，开启无人机巡检系统，明确重点巡检区段位置，找到相应的故障点以及异常问题。该无人机主要运用于电力线路的巡检，以机代人，实现线路巡检自动化。无人机的立体巡检体系包括应用无人机进行高精度数据采集、线路巡检、数据处理与应用。

在产品配置方面，该无人机属于工业级别无人机，搭载高端的配置、精准的测量仪器和便利的操控方法，提升了无人机的工作能力，降低了无人机的操作难度，使其适用于巡检工作。

该无人机具体可以适用于以下场景：

（1）输电线路通道走廊巡查；

（2）勘探杆塔周边环境，如周边建筑、地形情况；

（3）检查漏电、过热、腐蚀老化等异常情况；

（4）排查塔基、塔架上的异物覆盖情况；

（5）执行牵引架线任务等。

2.2.2 服务定位

（1）检查防护区内有无新建的建筑物及其对线路的安全距离，有无可燃、易燃、易爆物品。

（2）防护区内有无栽种的树木、竹子及与线路的距离。

（3）防护区内有无架设或敷设的架空电力线路、架空通信线路、架空管道，各种管道和电缆对本线路是否满足安全要求。

（4）电缆支架有无松动、锈蚀，桥架有无破损，槽盒盖板是否有脱落。

（5）电缆排列是否平行整齐，桥架上有无堆置杂物、管材及建筑材料等物品。

（6）电缆桥架及线路上的警示类标志牌是否齐全，有无脱落，字迹是否醒目等。

2.3 研发方向

（1）我们先研究资料，对已有资料进行深入研究，寻找事实和一般规律，然后根据某些信息去描述、分析和解释过去的过程，同时揭示当前状况，并依照这种一般规律来对未来进行预测。

（2）对市场上的巡检无人机进行调查研究。通过一段时间的使用，再加上对一线巡检工人的调查，最后我们总结在使用过程中发现的问题。

（3）在发现问题后，我们对问题进行归纳演绎，使问题集中体现；从一系列特定的观察中发现一种模式，在一定程度上代表所有给定事件的秩序。

（4）通过比较研究的方式，我们在发现差别、解释差别的过程中对已经存在的现象进行研究，探寻哪些因素在发生变化，从而明确研究方向。

（5）在确定了方向后，我们自主设计开发地面站控制系统。

（6）最后付诸实践，进行整体飞机制作、调试、试飞，完成倾转性能测试，提出巡检方案。

无人机应用的快速增长带来了飞行安全和可靠性方面的问题，从而推动了飞行控制算法的深入研究。目前，已有大量的无人机控制算法，并且有很多控制算法被应用到了倾转旋翼机上。根据线性控制、非线性控制以及神经网络等智能算法，我们总结国内外的倾转旋翼机飞行控制算法研究现状。

◆线性控制

PID 在飞行器控制中的应用最为广泛，因为基于这种方法的控制器设计不依赖于精确的动力学模型，控制器参数可以根据实际的飞行控制效果进行调整。因此，PID 也是倾转旋翼机飞行控制研究和应用的最主要算法。但是，PID 控制器在非线性耦合和不确定的复杂系统中性能较差，因此，对于欠驱动的倾转旋翼机多输入、多输出（MIMO）系统，需要进行解耦分析。我们基于所建立的 6 自由度非线性模型，将实际控制变量转化为每个控制通道的伪控制变量，通过伪控制变量将飞行控制解耦；基于横滚、俯仰和偏航三个姿态角控制通道的传递函数，分别设计了 PID 控制器，采用根轨迹法和伯德图等图形方法对控制性能进行分析，并通过飞机悬停测试验证了该控制器的有效性。倾转旋翼机在倾转过渡模式下是一个非线性动态耦合系统，我们通常采用增益调度的方式来处理动态特性的变化，针对倾转过渡模式的非线性模型，采用分治增益调度设计分段线性控制器。这些不同的分段控制器稳定范围不一。因此，在理论上确定基于平滑切换控制的整个倾转旋翼机过渡模式的最优稳定范围，以及在一定扰动下进行鲁棒性分析是非常重要的。我们选取典型状态描述整个倾转过渡过程，基于平均驻留时间的方法确定切换策略，并根据过渡模式的时间要求，给出使系统在有限时间内镇定的线性矩阵不等式，最后通过仿真实验检测了该切换控制方法的正确性和有效性。

除了基于传统的 PID 算法之外，我们也尝试了其他线性控制算法，并应用于倾转旋翼机控制，包括最优控制、鲁棒控制、模型预测控制等。最优控制是现代控制理论的常用方法。飞行控制需要通过线性化倾转旋翼机的非线性模型得到精确的线性模型，并通过系统矩阵的特征值反馈增益进行分配，因此，控制器的控制范围被限制在一个平衡点附近。我们可通过设计线性二次型调节器（LQR），将非线性模型稳定在配平点附近。鲁棒控制器的设计过程与上述特征值分配方法的设计过程相似，不同的是鲁棒飞行控制提高了系统的鲁棒性。针对不确定因素设计控制器，我们分析闭环系统的鲁棒性，对提高倾转旋翼机的安全性和飞行性能是绝对有益的。模型预测控制（MPC）作为一种控制长延迟、非最小相位或不稳定相位系统的方法，被广泛应用于各种控制过程。

✧基于模型的非线性控制

滑模变结构控制在飞行控制领域的应用比较广泛。针对倾转旋翼机飞行过程中可能出现的舵面卡死等突发故障问题，我们基于滑模理论设计了具有容错能力的控制器。我们提出了一种分数阶的滑模控制方法，基于分数阶微积分理论设计了滑模面，设计一种具有二阶滑模特性的新型快速趋近律，弥补了传统趋近律收敛时间长、速度慢、抖振严重等不足。为了提高倾转旋翼机飞行稳定性以及系统鲁棒性，我们采用自抗扰控制技术，分别设计了全飞行过程各个模态下的姿态控制器，并通过控制仿真对比，分析了所设计控制器的鲁棒性等。增量式非线性动态逆方法的计算效率更高，取得了不错的控制效果。基于此算法原理，我们设计了具有内外环结构的倾转旋翼机控制器。

✧智能算法与复合算法

人工神经网络、模糊控制等一些智能算法，以及与传统的控制方法相结合的算法在无人机控制中也有所表现。将神经网络引入 PID 控制器中，可以提高平滑切换控制的鲁棒性，利用神经网络的强非线性映射特性，处理倾转旋翼机在过渡模式下的模型动态。针对倾转旋翼机倾转过渡过程的高度控制问题，我们团队将过渡过程划为低速和高速两个阶段，设计模糊控制器控制旋翼倾转速度，实现了过渡过程中高度的稳定控制。采用人工神经网络等智能算法或复合算法，可以提高过渡模式下处理动态变化的适应性，但控制器的结构变得更加复杂，这对计算资源有限的无人机来说是一个挑战。

✧规避计划

随着社会中对电力技术的不断更新，巡检问题也成为人们面临的一大难题。目前，老式巡检无人机运用不方便，巡检方式要随着社会发展不断更新。我们团队推出的倾转结构巡检无人机有效地解决了这一难题。但在我们研究该项目时，也遇到了很多难题，例如：产品生产和售后服务的不确定性、技术寿命的不确定性、配套技术的不确定性。我们对此做出了如下规避风险的决策：

·保持与时俱进精神，加大科研力度，同时吸收先进技术，并保持技术的先进性和新颖性，顺应市场发展和时代潮流，使本产品在市场竞争中处于优势地位。

·具有忧患意识，不断学习，保持头脑的先进性。

·加大产品的宣传力度，树立高端产品形象，努力保证产品的质量和售后服务，并根据市场变化采取适度降价策略，同时加强研发力度，以保持技术的领先优势。

・建设网站,利用网络平台等其他辅助策略拓展销售市场,以保证销量。

・初期有足够的资本投入,结合高新的技术,在创业团队的努力下可以迅速实现资本的扩展,不断开拓市场,不断发展现有生产规模,在5年之内把公司发展为影响力较大的企业。

2.4 竞争对手分析

我国工业无人机市场起步晚,发展速度虽快但整体规模较小。目前,根据技术实力和战略布局,我国工业无人机企业分为三个梯度,其中,大疆创新、易瓦特、极飞科技凭借其出色的技术实力和不断优化的战略布局成为行业内的领导者。零度智控、纵横股份等龙头企业表现较为突出,其技术水平也在不断提高。飞马科技、科比特则在无人机测绘领域和无人机巡检领域成为行业内有力的竞争者。

我们对竞争对手,如大疆 M30T,SwellPro 水手 4,EVO Ⅱ 640T 等产品进行全面比较。它们的价格均较为昂贵,而且没有机身保护装置,不能保护机身的各个零部件,遇险脱困能力较弱,而且都不能进行仿地飞行,不能达到精准定位。最长飞行时间也十分短暂,不能长时间进行工作,工作效率较低。相比较而言,我们的价格更低,性能更高。

竞品分析表

功能 产品	大疆 M30T	四旋翼倾转电力巡检无人机	SwellPro 水手 4	EVO Ⅱ 640T
价格	83 800 元	20 500 元	20 128 元	69 950 元
预先脱困能力	弱	强	弱	弱
机身保护装置	无	球形保护罩	无	无
最长飞行时间	41min	50min/(无线充电)理论永久续航	30min	40min
仿地飞行	不能	高精度仿地飞行	不能	不能
优缺点	飞行姿态单一	飞行姿态多样/续航时间长	续航时间短	安全系数低

3 营销策略

3.1 市场调研分析

十四五期间将核准开工 10 交 10 直线路,预计十四五期间特高压总投资 3 000 亿元,年均 600 亿元,线路长度将从 2019 年的 28 352 千米增加到 40 825 千米。这对电网的巡检与维护提出了更高的要求。无人机作为输电线路巡视的重要手段之一,已开展常态化作业,逐步形成"机巡为主,人巡为辅"的输电线路巡检新模式。然而,不断增加的输电设备数量与运维人员不足之间的矛盾日益突出，输电线路巡检队伍面临总量缺员和结构性缺员并存的严峻局面。目前，无人机巡检智能化程度不高，难以满足输电运检的发展要求。无人机在高压线路巡检、油气管道巡检方面仍有很大的发展空间。

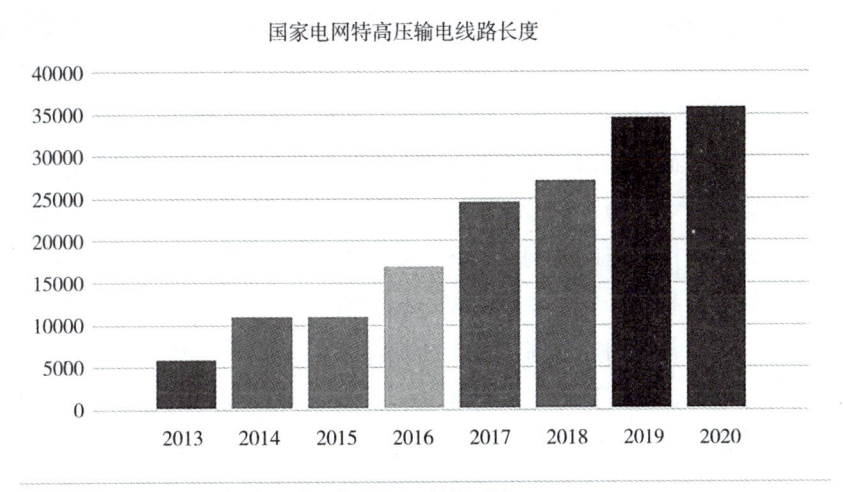

国家电网特高压输电线路长度

年份	长度（千米）
2013	6000
2014	11000
2015	11000
2016	17000
2017	25000
2018	27000
2019	35000
2020	36000

数据来源：国家电网，光大证券研究所整理 单位(千米)

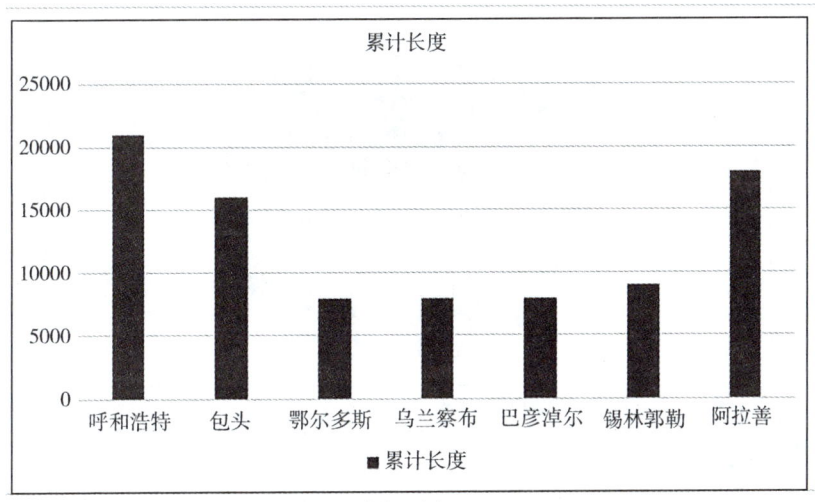

累计长度

地区	累计长度（千米）
呼和浩特	21000
包头	16000
鄂尔多斯	8000
乌兰察布	8000
巴彦淖尔	8000
锡林郭勒	9000
阿拉善	18000

数据来源：内蒙古电力集团有限公司 单位(千米)

✥痛点：

- 人工巡检效率低，危险系数高。对于山区等地形复杂线路，人工一天仅可巡2—3座塔，需人工爬塔巡检，存在安全隐患。
- 遇险脱困能力差，巡检死角多。现有巡检机在复杂地形降落后无法起飞，因飞行姿态单一，摄像头无法进行无死角拍摄。
- 巡检过程中易撞线。无人机受磁场干扰、高空罡风侵袭飞行轨迹易发生改变，容易撞线造成炸机事故。

3.2 STP战略

2010—2020年，全国220千伏及以上输电线路长度逐年增加。据中电联数据显示，截至2020年，全国220千伏及以上输电线路回路长度79.41万千米，比2019年同比增长4.6%。以2019年的数据为例，农林植保占比为30.7%，其次为测绘与地理信息、巡检、安防监控及消防救灾，占比分别为22.61%、18.76%、7.19%及3.98%。我国电力巡检无人机以接近50亿元的市场规模，成为民用无人机发展的重要支柱。随着我国电力装机总量的不断增加，以及输电线路长度的增加，巡检工作对于维护区域电网的安全、稳定运行越来越重要。受输电线路跨区域分布、点多面广、所处地形复杂、自然环境恶劣等因素的影响，传统的人工巡检所花的时间长、人力成本高、巡检难度大。电力巡航无人机作业可以大大提高输电维护和检修的速度和效率。电力巡航无人机能够很好地代替人力进行输电线路的巡检工作。随着我国能源需求量的不断增加，未来我国输电线路的长度将会进一步增加，电力巡航无人机具有庞大的需求市场，发展前景可观。我们团队预算电力巡检行业会有40亿的市场容量，市场潜力很大。

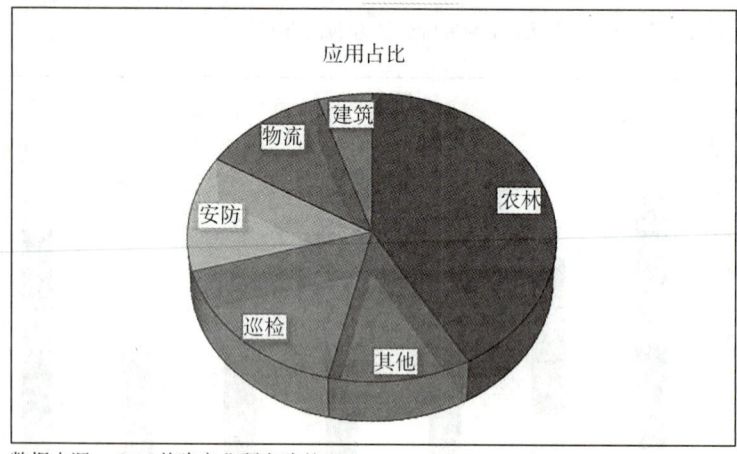

应用占比

数据来源：CCID前瞻产业研究院整理

3.3 产品创新

可倾转旋翼/四轴H形机身：我们自主研发的四旋翼倾转结构，摒弃了传统单电机倾转模式，首创舵机同轴倾转模式，使无人机的稳定性与遇险脱困能力显著提升。倾转飞行可保证无人机加速飞行时机身不倾斜，减小飞行阻力，增加续航时长。该无人机增加了新的飞行可控变量，为未来设计更加复杂而有效的控制算法提供了空间，因而具有更大的控制潜力可以挖掘。

模块化防撞系统：模块化球形防护罩采用碳纤维材质，硬度高，不易磨损。无人机采用该防护罩，可以在保证便携的同时增加一定弹性，在机身与线路发生碰撞时，可以将无人机回弹，不会发生机身挂线的问题，使无人机在发生碰撞时仍可以正常飞行。

3.4 新增功能

高精度仿地飞行：球形防撞无人机综合应用了"气压定高＋激光定高＋光流定高"技术后，实现了超稳悬停。与同类型飞机相比，这个技术的应用更加易操控，更加节能，延长了飞行时间，有更高的效率。在工作区域划定后，飞机在仿地飞行过程中更适应崎岖不平的地面，即使遇到较高的障碍，也会及时攀升，而且无须复杂的航线设定，使用更加简单。

无线充电技术：无线充电技术的增加，使无人机在巡检过程中电量不足时，无须返航。只需要在巡检路线上放置无线充电装置，无人机在电量即将耗尽时会自动运行无线充电程序，前往最近的无线充电装置自行充电，使巡检无人机实现"永久飞行"。

3.5 价格策略

• 选择定价目标客户群

目标客户群的价格承受力分析如下表所示：

购买者	价格承受能力（万元）	价格敏感度
电力企业	5	一般

• 估计成本

产品成本分析如下表所示：

项目	外购成本（元）	场地租赁费（单架成本）	研发成本（单架成本）	营销费用（单架成本）	合计
计价	6 530	1 770	2 000	1 700	12 000

• 分析竞争的成本、价格和提供物

竞争者的售价分析如下表所示：

项目	大疆 M30T	御 MAVIC2
价格	83 800 元	45 999 元

3.6 推广策略

首先，需要在线上开自营网店，定期更新价格，并且通过直播来吸引粉丝，打开省外的市场，建立一定的口碑。树立品牌形象上，将宣传的重心从介绍产品性能转到产品品牌形象上，使产品产生品牌差异化优势，提高产品的美誉度。

其次，线下在省内依靠企业与个体合作开直营旗舰店，价格与线上价格保持一致。同时，通过人事公关向省内电力公司推销产品。形成面面俱到的产品售后，依靠线上线下及购买产品后的售后服务书与购买者沟通。

最后，在搜索引擎、微博、论坛、各大视频网站等平台上进行线上推广，同时在电视、广播、报纸、期刊上投放广告，并在一些人口密集地区举办公益活动、推广活动等，提高产品的知名度。

4 财务分析

4.1 公司股本结构

团队成员持股高达80%。

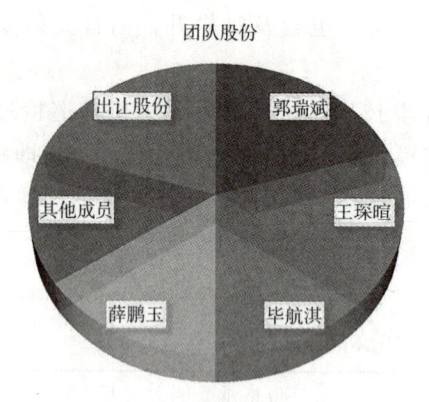

团队股份

股权分配						
人员	郭瑞斌	王琛暄	毕航淇	薛鹏玉	其他成员	出让股份
股份	20%	15%	15%	15%	15%	20%
团队控股	80%					

4.2 融资方案

✧融资计划

本项目所需启动资金100万元,团队成员自筹60万元,天使投资公司投40万元。团队成员以资金及技术对公司绝对控股,控股比例达80%,以融资形式融得资金占股20%。其中,建设投资60万元,占项目总投资的60%;流动资金40万元,占项目总投资的40%。

✧资金用途

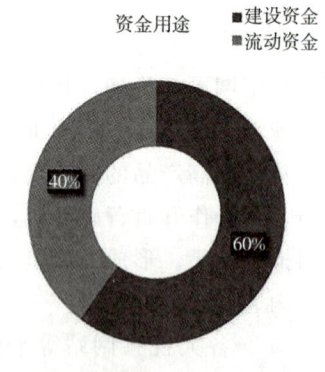

在团队创建初期,学院会提供场地及基本的办公用品。团队初期的财务规划:建设资金60万元,用于场地租赁、研发支出、设备采购、营销支出等。流动资金40万元,用于后期产品零部件采购、应急预案物资筹备等。产品单架成本是 12 000 元，初期预计组成 50 台无人机，将花费 326 500 元，场地租赁费 88 500 元，研发成本预计 65 000 元，线上线下宣传预计花费 91 000 元，还有约 400 000 元的流动资金。资金风险应对：增加项目信用背书等方式，将风险控制在最低。团队通过人才引进及融资的形式，加大资金及技术的支持，同时将投资风险合作共担。借助高校管理经验进行专业指导，科学规划，提高利润率。

4.3 财务报表

无人机配件及初期费用估算表　　　　　　　　　　　　　　　　　　单位：元

配件及服务	数量	价格
电机	4	310
电调	4	90
飞控	1	940
遥控器	1	500
桨叶	2	90
电池	1	130
机架	1	1 700
云台	1	1 200
无线充电	1	970
球形护罩	1	600
场地租赁费（单架成本）		1 770
研发成本（单架成本）		2 000
线上线下宣传（单架成本）		1 700
单架无人机成本		12 000
单架售价		20 500

年份	产品/设备	市场	管理	其他成本	合计支出
第一年	31.75	21.01	17.2	0.53	70.5
第二年	26	62	28	2.32	118.32
第三年	37	77	31	3.98	148.98
第四年	52	85	47	6.1	190.1
第五年	79	88	59	7.98	233.98

费用预测表　　　　　　　　　　　　　　　　　　单位：元

资产	第一年	第二年	第三年	第四年	第五年
一、资产合计	115.41	134.54	237.91	600.47	471.22
流动资产	113.84	125.27	228.64	592.79	464.79
货币资金	103.45	102	208	343	426
应收账款	7.5	18.47	14.44	13.25	20.19
存货	2.88	4.8	6.2	7.9	9.6
非流动资产	9.63	9.27	9.27	7.68	6.43
固定资产原值	2.30	4.7	3.9	3.2	2.8
减：固定资产累计折旧	0.73	0.45	0.37	0.30	0.27
固定资产净值	1.57	3.25	3.53	2.9	2.53
无形资产原值	0	7.52	6.89	5.97	4.88
减：无形资产累计摊销	0	1.50	1.15	1.19	0.98
无形资产净值	0	6.02	5.74	4.78	3.9
二、负债合计	4.27	1.5	37.49	38.55	54.79
流动负债	4.27	1.5	7.38	18.55	34.79
短期借款	0	0	5	15	30
应付账款	0	1.5	2.38	3.55	4.79
其他应付款	0	0	0	0	0
非流动负债	0	0	0	20	20
长期借款	0	0	0	20	20
长期应付款	0	0	0	0	0
其他非流动负债	0	0	0	0	0
三、所有者权益	111.13	89.8	200.42	395.71	576.32
实收资本	100	0	0	0	0
资本公积	0	0	0	0	0
盈余公积	0	8.98	20.06	39.77	57.63
未分配利润	11.13	80.82	180.36	357.94	518.69

资产负债表
利润表 单位：万元

	第一年	第二年	第三年	第四年	第五年
一、主营业务收入	81.63	211	385	658	912
减：主营业务成本	31.75	26	37	52	79
主营业务税金及附加	0.53	2.32	3.98	6.10	7.98
二、主营业务利润	49.34	182.68	344.02	599.90	825.02
加：其他业务利润	0.00	0.00	0.00	0.00	0.00
减：营业费用	21.01	62	77	85	88
管理费用	17.2	28	31	47	59
财务费用	0	2.2	0	0	0
三、营业利润	11.36	89.8	236.02	467.9	678.02
加：投资收益	0.00	0.00	0.00	0.00	0.00
营业外收入	0.00	0.00	0.00	0.00	0.00
减：营业外支出	0.00	10.00	15.00	15.00	15.00
四、利润总额	11.36	89.8	236.02	467.9	678.02
减：所得税	0.00	0.00	35.40	70.19	101.70
五、净利润	11.36	89.8	200.62	397.71	576.32

现金流量表 单位：万元

项目	第一年	第二年	第三年	第四年	第五年
一、经营活动产生的现金流量	112.47	142.53	269.56	394.75	592.81
销售商品提供劳务收到的现金	−7.5	142.53	269.56	394.75	592.81
现金流入小计	104.97	142.53	230.56	394.75	592.81
购买商品接受劳务支付的现金	3.38	14.33	19.47	25.38	65.27
经营租赁所支付的现金	8.85	3	3	0.00	0.00
支付给职工的现金	21.6	5.71	20.75	35.53	51.35
支付的所得税	0.00	0.00	35.40	70.19	101.70
支付其他与经营活动有关的现金	0.61	112.37	198.06	247.68	388.41
现金流出小计	112.57	135.41	257.21	353.40	541.46
经营活动产生的现金流量净额	105.75	7.12	12.35	41.35	51.35
二、投资活动产生的现金流量					
购建固定资产所支付的现金	2.3	0	0	0	0

投资活动产生的现金净额	−2.3	0	0	0	0
三、筹资活动产生的现金流量					
吸收权益性投资所收到的现金	40	0	0	0	0
借款所收到的现金	0	0	5	35	50
现金流入小计	40	0	5	35	50
偿还借款所支付的现金	0	0	0	5	50
分配股利所支付的现金	0	0	30.09	99.43	201.71
偿付利息所支付的现金	0	0	0.27	1.86	2.65
现金流出小计	0	0	30.36	101.29	204.36
四、筹资活动产生的现金流量净额	40	0	−30.36	−66.29	−154.36
现金及现金等价物净增加额	103	15	16	25	43

比率及趋势分析表

单位：万元

项目（%）	第一年	第二年	第三年	第四年	第五年
净资产收益率	28.99	65.11	65.16	51.66	42.53
销售利润率	22.94	32.82	45.38	44.02	42.37
资产报酬率	37.01	55.72	63.15	50.25	41.49
资产周转率	126.6	226.73	172.24	134.89	97.92
资产负债率	3.7	14.41	3.09	2.72	2.45

根据杜邦财务分析体系，公司总体来看具有较好的营利能力，但是在这五年间也有一定的波动。从以上数据可以分析出，第一年公司营利能力低；第二、第三年公司进入快速增长期，销售利润率、资产报酬率、净资产收益率均显示良好；第四、第五年销售利润率依旧良好，净资产收益率开始下降，主要是由于资产周转率的下降，考虑公司即将进入后五年的长期战略，需要扩大生产规模。

4.4 风险资金退出策略

在资金方面，我们将会定期公示财务报表，内部进行精准的财务分析，保证资金落到实处，钱要花在刀刃上。在此基础上，我们将建立严格的资金股份准入制度，设立融资蓄水池，将对外融资占股比例控制在30%以内。设立人才技术引进方案，将对外引进人才技术占股比例控制在10%以内，给企业不断注入新鲜血液。但要防止初创团队的股份被稀释，保证公司未来发展的安全稳定。另外，初创团队共同决定在项目投入运营后，每年拿出净利润的15%作为安全储备金，用来应对各种风险，每年拿出净利润的20%作为人才引进及技术创新的研发费用，剩余 65% 再按个人的持股比例分红，保证团队运营时资金链的稳定性。

公司虽然仍存在着一定程度的风险，但都在可控范围内。公司通过加大对出厂产品的检测及审核力度，增加项目信用背书等方式，将风险控制在最低，加之公司是校企合作制，借助高校管理经验，有专业的指导，产品管控严格。在与高校合作的同时，我们借助高校教育资源，以较低的成本进行产品迭代开发，提升资金使用的合理性，科学规划，提高利润率。

5 创业管理团队

5.1 团队介绍

❖团队名称：博空科技

❖团队口号：智者创造机会，愚者等待机会，人生伟业的建立，不在能知，乃在行。

❖团队成员

郭瑞斌：内蒙古机电职业技术学院大一在读，项目负责人，曾获内蒙古自治区高职组技能大赛"通讯与控制系统集成与维护"项目第二名，包头市高职组技能大赛"电子装配与调试"第二名。参加 SIYB 培训，通过考核，获得 SIYB 证书。是四级无人机驾驶员，拥有一定的团队管理经验，对商业模式、市场前景等方面有一定了解。

王琛暄：内蒙古机电职业技术学院大一在读，担任项目演讲稿设计工作，曾获微视频大赛优秀奖、英语作文"开拓杯"二等奖。负责团队比赛 PPT 制作，对演讲稿制作、Photoshop、VCR 制作比较擅长。心态积极进取，是学校里的军训标兵。

薛鹏玉：熟练掌握财务分析与资金统计知识，获得国家励志奖学金、学院二等奖学金。

田军：内蒙古机电职业技术学院大一在读，曾被评为"美德少年"，多次参加互联网＋、挑战杯等比赛。项目经验丰富，对项目计划书撰写、排版有着丰富经验。

毕航淇：内蒙古机电职业技术学院大一在读，在华为云—全国青年人工智能社会实践项目中，被授予"青年有为"称号。

张永旭：热衷于研究计算机等电子产品，拥有处理相关软硬件基本问题的能力；对媒体事业极感兴趣，掌握了各种媒体技术；对电力专业知识有独到见解，能高质量完成专业学习并在实践中加以运用；担任过抗疫志愿者。

李镇洋：想象力丰富，动手能力强，曾经获得赛汉区"电子小报"一等奖。

赵辰凯：思想积极上进，团队责任心强，能吃苦耐劳，具有良好的心理素质，曾被学校评为"三好学生"。

李波：动手能力强，抗压能力强，能熟练进行装配，参加过 SIYB 培训，并通过考核，获得 SIYB 证书，对电力专业知识有着独特见解。

张智屹：能熟练运用理论知识，对电学知识、电学实验和理论有广泛认知。

团队成员都是内蒙古机电职业技术学院专科在读的大学生，具有相关的专业知识和高效的执行力，能为团队制定切实可行的方案，并高效执行。在获得风险投资后，投资方自然可以成为我们团队的管理顾问，我们还将邀请具有各专业技术及管理经验的人员加入，并担任重要职务。

5.2 组织框架及分工

• 技术团队

技术总监：王琛暄，成员有杨琨、李波、赵辰凯、曲文硕、张晓晨，负责研发创新。根据市场需要生产出合格的产品，并且持续开发新产品。

• 营销团队

营销总监：毕航淇，成员有郭伟、张富旺、毕书森、张永旭，负责依照团队经营目标制订年度营业计划，维护与客户的关系。开展市场数据的收集以及预计给市场带来的变化工作，进行VCR视频及PPT的制作。

• 财务团队

财务总监：薛鹏玉，成员有田军、张智屹、李镇洋、贾海龙、高艳亮，负责团队财务、会计及税务事宜。依据健全的财务管理原则，发挥财务管理职能；拟订财务计划与预算制度。另外，负责答辩以及演讲稿的制作。

5.3 团队优势

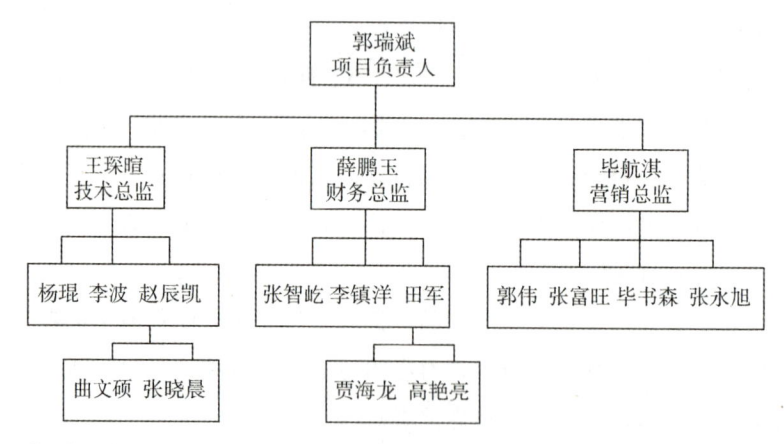

```
            ┌──────────────┐
            │   郭瑞斌     │
            │ 项目负责人   │
            └──────┬───────┘
      ┌────────────┼────────────┐
┌─────┴─────┐ ┌────┴─────┐ ┌────┴─────┐
│  王琛暄   │ │ 薛鹏玉   │ │ 毕航淇   │
│ 技术总监  │ │ 财务总监 │ │ 营销总监 │
└─────┬─────┘ └────┬─────┘ └────┬─────┘
┌─────┴─────┐ ┌────┴─────────┐ ┌────┴──────────────┐
│杨琨 李波  │ │张智屹 李镇洋 │ │郭伟 张富旺        │
│赵辰凯     │ │田军          │ │毕书森 张永旭      │
└─────┬─────┘ └────┬─────────┘ └───────────────────┘
┌─────┴──────┐ ┌───┴──────────┐
│曲文硕 张晓晨│ │贾海龙 高艳亮 │
└────────────┘ └──────────────┘
```

团队成员都曾获得"三好学生""优秀班干部"等荣誉称号，在学习上秉持"笃学立志、精技强能"之校训，在自己所学的专业领域都很擅长，动手能力强，思维活跃，在创新比赛上坚持奋发拼搏、勇于开拓的精神。我们致力打造一个具有创造力、钻研精神、劳动精神的高质量团队。

团队师资力量雄厚，配备5名骨干教师，都为硕士学位，5位教师分别在无人机、商业、财经领域钻研多年，在各自的领域都有独到的见解，曾多次带领学生参赛获奖。

5.4 团队荣誉

在申专利：

已申专利：

专利类型	专利名称	专利号	第一发明人
实用新型专利	一种多轴倾转无人机控制器的固定装置	ZL 2022 2134012.7	郭瑞斌
专利类型	专利名称	专利号	团队参与人
实用新型专利	一种新型防撞巡检无人机	ZL 2021 2 2942199.8	郭伟、毕书森

学生荣誉：

职业技能等级证书：

教师荣誉：

5.5 团队精神

团队成员大多数来自学院内的无人机社团，都有着操纵无人机飞行的基础，而且在每年的学院社团纳新时会有很多人才不断加入我们的团队中，我们为创新而带来的实现自身价值而感到高兴。未来将至，将至已至，我们会从现在开始，书写对未来的期望，展现自己的抱负，面对社会，体现自身价值。

❖师资团队

李竟达：内蒙古机电职业技术学院国有资产管理科科长，硕士学位，在无人机领域钻研多年；他第五届互联网＋中指导的项目《互联网＋空气检测联防预警无人机》获得银奖、在第七届中国国际互联网＋中指导的项目《"御"见机域超长滞空航空测绘多领域无人机开拓者》获得铜奖。

郭娜：内蒙古机电职业技术学院国有资产管理科副科长，硕士研究生学历，职称中级，曾获得2010年度"学史践悟，守育人初心"辅导员主题教育微课比赛二等奖。她所带的班级统计1801班荣获优秀班集体。多次获得优秀指导教师称号。

范哲超：内蒙古自治区创新创业导师，创新方法工程师，指导学生在第五届互联网＋比赛中获得银奖，指导学生在第六届互联网＋比赛中获得铜奖。

鲁珊珊：优秀共产党员，参与国家电力系统自动化技术专业教学资源库建设方案和任务书撰写，发表省部级以上期刊专业技术论文8篇。

石琨：高级经济师，心理咨询师，国家双高院校骨干教师，国家双高专业群骨干教师。

❖专家顾问

王靖宇：高级工程师，内蒙古超高压供电局变电管理处副处长，内蒙古超高压供电局"技术带头人"，内蒙古超高压供电局"蒙电青春榜样"，超高压供电局"五星级优秀共产党员"。

接建鹏：高级工程师，内蒙古科电电气有限责任公司总经理。

张欣宇：博士，参与国家基金项目两项，主持内蒙古自治区研究生科研创新重点项目、教学教育改革项目，获得高等教育内蒙古工业大学传热学一流精品课程教学成果奖。发表论文7篇，获得国家实用新型专利3项。

6 教育维度

• 促进专创融合：国家双高"无人机"专业建设，团队核心成员来自电气工程类专业，是专创融合的典范，带动无人机社团以及电气工程系学生百余人到企业开展创新创业实践。

• 学、研、创共同平台：打造"学研创"平台，为专业实践和实训提供资源保障，实现学生学习研发创新成果转化。

• 培养创新性人才：将创新方法与理论结合，在校开展创新思维与方法课程，和我们学习的电气工程专业课实现交叉，提高学生思维能力。

• 以赛促创：通过比赛，选出人才，促进专业领域高技能人才的大力发展，为社会提供良好的执行性人才。双高"无人机"专业：建成无人机实训基地两所，开设无人机综合应用技术、无人机安装与调试等 14 门课程。

·建设创新实践基地：开展创新思维与方法课程 10 门，带动近 100 名学生参加互联网＋、挑战杯等创新创业大赛，激发学生的创新意识。

·开展创新交流会：每半年对团队成员的创新想法进行一次收集，将创新产品进行展示，发现学生的优点与不足。

院校支持

学校为我们团队提供了良好的研发环境，我们在研发过程中学习到了很多的专业知识。在高水平指导教师的指导下，我们明白了日后所要研发的方向。学校还提供了多架无人机，使我们在日常操作和学习调整参数方面有了更深入的理解。

参考文献

[1] 李焦明. 大学生创意创新创业实用教程［M］. 北京：电子工业出版社，2020.

[2] 通识教育规划教材编写组. 大学生创新创业教程（第2版）［M］. 北京：人民邮电出版社，2019.

[3] 陈奎庆，丁恒龙. 大学生创新创业教程［M］. 北京：科学出版社，2014.

[4] 郭金玫，珠兰. 大学生创新创业基础［M］. 上海：上海交通大学出版社，2017.

[5] 张香兰，程培岩，史成安，等. 大学生创新创业基础［M］. 北京：清华大学出版社，2018.

[6] 汤锐华. 大学生创新创业基础［M］. 北京：高等教育出版社，2016.

[7] 邓文达，邓朝晖，李一. 大学生创新创业［M］. 北京：人民邮电出版社，2016.

[8] 杨炜苗. 大学生创新创业（第2版）［M］. 北京：中国传媒大学出版社，2022.